BETLEHEM: SODOBEN POGLED NA PALESTINSKO KUHINJO

100 sodobnih okusov iz srca Palestine

DUŠAN JEREB

Avtorski material ©2024

Vse pravice pridržane

Nobenega dela te knjige ni dovoljeno uporabljati ali prenašati v kakršni koli obliki ali na kakršen koli način brez ustreznega pisnega soglasja založnika in lastnika avtorskih pravic, razen kratkih citatov, uporabljenih v recenziji. Ta knjiga se ne sme obravnavati kot nadomestilo za zdravniški, pravni ali drug strokovni nasvet.

KAZALO

KAZALO **3**
UVOD **6**
ZAJTRK **7**
   1. Zvitki Musakhan 8
   2. Foul Medames (Fava fižol) 10
   3. Za'atar Manakeesh 12
   4. Palestinski Shakshuka 14
   5. Jeruzalemske žemljice (Ka'Ak Alquds) 16
   6. Smoothie z jogurtom in datlji 18
   7. Sardine in krompirjev hašiš 20
   8. Ful Medames 22
   9. Maldouf FlatBread 24
   10. Shakshuka 26
   11. Manoushe (sirijski somun z za'atarjem) 28
   12. Ka'ak kruh 30
   13. Fatteh (sirska enolončnica za zajtrk) 32
   14. Syrian Flatb branje 34
   15. Labneh in Za'atar Toast 36
PRIGRIZKI IN PREDJEDI **38**
   16. Khubz (ploski čips) 39
   17. Datlji z mandlji 41
   18. Falafel 43
   19. Špinačna maščoba 45
   20. Polnjene čebule 47
   21. Latkes 50
   22. Različni datlji 52
   23. Napaka 54
   24. Samosa 56
   25. Muhammara (sirska pekoča paprika) 59
   26. Baba Ghanoush 62
GLAVNA JED **64**
   27. Jedra (leča in riž) 65
   28. Polnjen piščanec (Djaj Mahshi) 67
   29. Piščanec na žaru (Djaj Harari) 70
   30. slez (Khuzaibah) 72
   31. Polnjene bučke (Mahshi Kpusa) 74
   32. Polnjeno zelje (Mahshi Malfouf) 77
   33. Qalayet Banadora (paradižnikova enolončnica) 80
   34. Vložene zelene oljke 82
   35. Musaka 84

36. Juha iz leče in buč 86
37. Začinjena riba Gazan 88
38. Skleda za kozice 90
39. Špinačne pite 92
40. Musakhan 94
41. Timijan Mutabbaq 96
42. Malfouf 98
43. Al Qidra Al Khaliliya 100
44. Rissole: mleto meso 102
45. Mejadra 104
46. Na'ama's fattoush 107
47. Baby špinačna solata z datlji in mandlji 109
48. Pečena maslena buča z za'atarjem 111
49. Mešana fižolova solata 113
50. Koreninasta zelenjavna slana z labnehom 115
51. Pečen paradižnik s česnom 117
52. Ocvrta cvetača s tahinijem 119
53. Tabule 121
54. Sabih 123

JUHE 126
55. Bissara (Fava fižolova juha) 127
56. Shorbat Adas (juha iz leče) 129
57. Shorbat Freekeh (Freekeh juha) 131
58. Shorbat Khodar (zelenjavna juha) 133
59. Bee t Kubbeh (kubbeh juha) 135
60. Šorbat Khodar (zelenjavna juha) 138
61. Zelenjavna šurba 140
62. Iz vodne kreše in čičerike z rožno vodo 142
63. Vroč jogurt in ječmenova juha 144
64. Pistacijeva juha 146
65. Zažgani jajčevci in juha Mograbieh 149
66. Paradižnikova in kisla juha 152

SOLATE 154
67. Solata iz paradižnika in kumar 155
68. Čičerikina solata (Salatat Hummus) 157
69. Tabuleh solata 159
70. Fattoush solata 161
71. Solata iz cvetače, fižola in riža 163
72. Solata z datlji in orehi 165
73. Korenčkova in pomarančna solata 167

SLADICA 169
74. Knafeh 170
75. Atayef 172

76. Basbousa (Revani) 174
77. Tamriyeh (piškotki, polnjeni z datumi) 176
78. Qatayef 178
79. Harisseh 180
80. Sezamovi mandljevi kvadratki 182
81. Awameh 184
82. Rožnični piškoti (Qurabiya) 186
83. Torta z bananami in datlji 188
84. Žafranov sladoled 190
85. Kremna karamela (Muhallabia) 192
86. Mamoul z datlji 194
87. Sirska Namora 197
88. Browniji iz sirskih datljev 199
89. Baklava 202
90. Halawet el Jibn (sirski sladki sirni zvitki) 204
91. Basbousa (zdrobova torta) 206
92. Znoud El Sit (sirsko pecivo s smetano) 208
93. Mafroukeh (sladica iz zdroba in mandljev) 210
94. Galete z rdečo papriko in pečenimi jajci 212
95. Zeliščna pita 215
96. Bureke 218
97. Ghraybeh 221
98. Mutabbaq 223
99. Šerbat 226
100. Puding Qamar al-Din 228

ZAKLJUČEK 230

UVOD

Ahlan wa sahlan ! Dobrodošli na kulinaričnem potovanju "Betlehem: Sodoben pogled na palestinsko kuhinjo", ki vas vabi, da raziščete srce Palestine skozi 100 sodobnih okusov. Ta kuharska knjiga slavi bogato kulinarično dediščino, živahne sestavine in inovativne tehnike, ki opredeljujejo palestinsko kuhanje. Pridružite se nam, ko se podajamo na sodobno raziskovanje tradicionalnih okusov, ki se prenašajo skozi generacije.

Predstavljajte si mizo, okrašeno z aromatičnimi enolončnicami, živahnimi solatami in sladkim pecivom – vse to navdihujejo raznolike pokrajine in kulturni vplivi Betlehema in drugod. »Betlehem« ni le zbirka receptov; je poklon sestavinam, tehnikam in zgodbam, zaradi katerih je palestinska kuhinja odraz zgodovine, odpornosti in veselja do skupnih obrokov. Ne glede na to, ali imate palestinske korenine ali preprosto cenite drzne in niansirane okuse Bližnjega vzhoda, so ti recepti oblikovani tako, da vas vodijo skozi zapletenost palestinske kuhinje.

Od klasičnih jedi, kot je maqluba, do sodobnih preobratov mezeja in domiselnih sladic, vsak recept je praznovanje svežine, začimb in gostoljubja, ki opredeljujejo palestinsko kuhinjo. Ne glede na to, ali gostite praznično srečanje ali uživate v prijetnem družinskem obroku, je ta kuharska knjiga vaš vir, da na svojo mizo prenesete pristen okus Palestine.

Pridružite se nam, ko bomo prečkali kulinarične krajine Betlehema, kjer je vsaka kreacija dokaz živahnih in raznolikih okusov, zaradi katerih je palestinska kuhinja cenjena kulinarična tradicija. Torej, nadenite si predpasnik, sprejmite duh palestinskega gostoljubja in se podajte na okusno potovanje skozi "Betlehem: Sodoben pogled na palestinsko kuhinjo".

ZAJTRK

1. zvitki Musakhan

SESTAVINE:
- 2 skodelici narezanega kuhanega piščanca
- 1 velika čebula, narezana na tanke rezine
- 1/4 skodelice sumaka
- Olivno olje
- Sol in poper po okusu
- Somun ali tortilje

NAVODILA:
a) Narezano čebulo prepražimo na oljčnem olju, da karamelizira.
b) Dodajte narezan piščanec, ruj, sol in poper. Kuhajte, dokler se ne segreje.
c) Segrejte kruhke, nato pa na vsakega z žlico položite piščančjo zmes in zvijte v obliko valja.

2.Foul Medames (Fava fižol)

SESTAVINE:
- 2 pločevinki fava fižola, odcejeni
- 2 stroka česna, nasekljana
- 1/4 skodelice olivnega olja
- Sok 1 limone
- Sol in kumina po okusu
- Sesekljan peteršilj za okras

NAVODILA:
a) V ponvi na oljčnem olju prepražimo česen, da zadiši.
b) Dodajte fava fižol, limonin sok, sol in kumino. Kuhajte, dokler se ne segreje.
c) Nekaj fižola zmečkajte z vilicami. Postrežemo okrašeno s sesekljanim peteršiljem.

3. Za'atar Manakeesh

SESTAVINE:
- Testo za pico ali kruh
- 1/4 skodelice za'atar mešanice začimb
- 1/4 skodelice olivnega olja
- Sezamovo seme (neobvezno)

NAVODILA:
a) Segrejte pečico. Testo razvaljamo v raven krog.
b) Zmešajte za'atar z oljčnim oljem, da ustvarite pasto.
c) Za'atar pasto enakomerno razporedite po testu in pustite rob.
d) Po želji po vrhu potresemo sezamova semena.
e) Pečemo toliko časa, da robovi zlato porumenijo. Narežemo in postrežemo.

4.Palestinski Shakshuka

SESTAVINE:
- 2 žlici olivnega olja
- 1 čebula, drobno sesekljana
- 3 paprike, narezane na kocke
- 4 stroki česna, sesekljani
- 1 čajna žlička mlete kumine
- 1 čajna žlička paprike
- 1/2 čajne žličke kajenskega popra (prilagodite okusu)
- 1 pločevinka (28 oz) zdrobljenega paradižnika
- Sol in poper po okusu
- 6-8 velikih jajc
- Svež peteršilj za okras

NAVODILA:
a) V veliki ponvi segrejte oljčno olje. Dodamo sesekljano čebulo in jo pražimo, da postekleni.
b) Dodamo na kocke narezano papriko in sesekljan česen. Kuhamo toliko časa, da se paprika zmehča.
c) Vmešajte mleto kumino, papriko in kajenski poper.
d) Prilijemo zdrobljen paradižnik in začinimo s soljo in poprom. Dušimo toliko časa, da se omaka zgosti.
e) V omaki naredite jamice in vanje razbijte jajca.
f) Ponev pokrijte in kuhajte, dokler se jajca ne poširajo po vaših željah.
g) Okrasite s svežim peteršiljem in postrezite s hrustljavim kruhom.

5. Jeruzalemske žemljice (Ka'Ak Alquds)

SESTAVINE:
- 4 skodelice večnamenske moke
- 1 žlica sladkorja
- 1 žlica aktivnega suhega kvasa
- 1 1/2 skodelice tople vode
- 1 čajna žlička soli
- Sezamova semena za preliv

NAVODILA:
a) V skledi zmešajte toplo vodo, sladkor in kvas. Pustite stati 5-10 minut, dokler se ne speni.
b) V veliki skledi za mešanje zmešajte moko in sol. Dodajte mešanico kvasa in gnetite, dokler ne nastane gladko testo.
c) Testo pokrijemo in pustimo vzhajati 1-2 uri, da se podvoji.
d) Pečico segrejte na 400°F (200°C).
e) Testo razdelimo na manjše kose in jih oblikujemo v kolobarje.
f) Kolobarje položimo na pekač, namažemo z vodo in po vrhu potresemo sezamovo seme.
g) Pečemo 15-20 minut oziroma do zlato rjave barve.

6. Smoothie z jogurtom in datlji

SESTAVINE:
- 1 skodelica izkoščičenih datljev
- 1 skodelica jogurta
- 1/2 skodelice mleka
- 1 žlica medu
- Ledene kocke

NAVODILA:
a) V mešalniku zmešajte izkoščičene datlje, jogurt, mleko in med.
b) Mešajte do gladkega.
c) Dodajte ledene kocke in ponovno mešajte, dokler smoothie ne doseže želene konsistence.
d) Nalijemo v kozarce in postrežemo ohlajeno.

7.Sardine in krompirjev hašiš

SESTAVINE:
- 2 pločevinki sardel v olju, odcejenih
- 3 srednje veliki krompirji, olupljeni in narezani na kocke
- 1 čebula, drobno sesekljana
- 2 paradižnika, narezana na kocke
- 2 stroka česna, nasekljana
- 1 čajna žlička mlete kumine
- 1 čajna žlička mletega koriandra
- Sol in poper po okusu
- Oljčno olje za kuhanje
- Svež cilantro za okras

NAVODILA:
a) V ponvi segrejemo olivno olje in na njem prepražimo sesekljano čebulo in česen, dokler se ne zmehčata.
b) Dodamo na kocke narezan krompir in kuhamo toliko časa, da začne rjaveti.
c) Vmešajte mleto kumino, mleti koriander, sol in poper.
d) Dodamo na kocke narezan paradižnik in kuhamo toliko časa, da razpade.
e) Sardine nežno prepognemo in pazimo, da jih ne prelomimo preveč.
f) Kuhajte, dokler se krompir ne zmehča in se okusi prepojijo.
g) Pred serviranjem okrasite s svežim cilantrom.

8. Ful Medames

SESTAVINE:
- 2 skodelici kuhanega fava fižola
- 1/4 skodelice olivnega olja
- 1 čebula, drobno sesekljana
- 2 stroka česna, nasekljana
- 1 paradižnik, narezan na kocke
- 1 čajna žlička mlete kumine
- 1 čajna žlička mletega koriandra
- Sol in poper po okusu
- Svež peteršilj za okras
- Trdo kuhana jajca za postrežbo (neobvezno)
- Somun ali pita za serviranje

NAVODILA:
a) V ponvi segrejemo olivno olje in na njem prepražimo sesekljano čebulo in česen, dokler se ne zmehčata.
b) Dodamo na kocke narezan paradižnik in kuhamo toliko časa, da razpade.
c) Vmešajte mleto kumino, mleti koriander, sol in poper.
d) Dodajte kuhan fava fižol in kuhajte, dokler se ne segreje.
e) Nekaj fižola pretlačite, da dobite kremasto teksturo.
f) Okrasite s svežim peteršiljem.
g) Po želji postrezite s trdo kuhanimi jajci ob strani in zraven priložite somun ali pito.

9.Maldouf FlatBread

SESTAVINE:
- 2 skodelici polnozrnate pšenične moke
- Sol po okusu
- 1/4 skodelice gheeja (prečiščenega masla) za plitvo cvrtje
- Voda Za gnetenje testa
- 8-14 1/2 skodelice mehkih datljev
- 1 skodelica vrele vode

NAVODILA:
a) Izkoščičene datlje namočite v 1 skodelico vrele vode za 2-3 ure ali dokler se ne zmehčajo.
b) Zmehčane datlje pretlačite v pire s pomočjo cedila ali drobne mrežice. Za mešanje boste morda potrebovali mešalnik, če vam ni zelo mehko.
c) Pasirane datlje zmešajte s soljo, 1 žlico gheeja in moko ter zamesite mehko testo.
d) Testo pustimo počivati najmanj 20 minut.
e) Testo razdelite na enake ali limone velike kroglice.
f) Vsako razvaljajte, da oblikujete pecivo/parato/okroglo ploščo/ali obliko, ki vam je všeč, na 5-6 palcev dolgo.
g) Vsakega plitko pražite z gheejem, dokler ni pečen z obeh strani. Ker so v testu datlji, bo pečeno zelo hitro.

10. Shakshuka

SESTAVINE:
- 2 žlici olivnega olja
- 1 čebula, drobno sesekljana
- 2 papriki, narezani na kocke
- 3 stroki česna, sesekljani
- 1 pločevinka (28 oz) zdrobljenega paradižnika
- 1 čajna žlička mlete kumine
- 1 čajna žlička mlete paprike
- Sol in poper po okusu
- 4-6 jajc
- Svež peteršilj za okras

NAVODILA:
a) V veliki ponvi na srednjem ognju segrejte olivno olje.
b) Pražite čebulo in papriko, dokler se ne zmehčata.
c) Dodamo sesekljan česen in kuhamo še eno minuto.
d) Prilijemo zdrobljen paradižnik in začinimo s kumino, papriko, soljo in poprom. Kuhajte približno 10-15 minut, dokler se omaka ne zgosti.
e) V omako naredimo jamice in vanje razbijemo jajca.
f) Ponev pokrijte in kuhajte, dokler se jajca ne poširajo po vaših željah.
g) Okrasite s svežim peteršiljem in postrezite s kruhom.

11. Manoushe (sirijski somun z za'atarjem)

SESTAVINE:
- Testo za pico ali pecivo
- Mešanica začimb Za'atar
- Olivno olje
- Neobvezno: Labneh ali jogurt za namakanje

NAVODILA:
a) Testo za pico ali pecivo razvaljamo v tanko okroglo obliko.
b) Testo izdatno namažite z oljčnim oljem.
c) Za'atar enakomerno potresemo po testu.
d) Pecite v pečici, dokler robovi niso zlati in hrustljavi.
e) Neobvezno: postrezite s prilogo labneh ali jogurt za namakanje.

12.Ka'ak kruh

SESTAVINE:
- 4 skodelice večnamenske moke
- 1 žlica sladkorja
- 1 čajna žlička soli
- 1 žlica aktivnega suhega kvasa
- 1 1/2 skodelice tople vode
- Sezamova semena za preliv

NAVODILA:
a) V veliki skledi zmešajte moko, sladkor in sol.
b) V ločeni posodi raztopite kvas v topli vodi in pustite stati 5 minut, da se speni.
c) Kvasno mešanico dodajte mešanici moke in gnetite, dokler ne dobite gladkega testa.
d) Testo razdelite na majhne kroglice in vsako oblikujte v okrogle ali ovalne kruhke.
e) Oblikovan kruh položimo na pekač, namažemo z vodo in po vrhu potresemo sezamovo seme.
f) Pečemo v predhodno ogreti pečici pri 375°F (190°C) do zlato rjave barve.

13.Fatteh (sirska enolončnica za zajtrk)

SESTAVINE:
- 2 skodelici kuhane čičerike
- 2 skodelici navadnega jogurta
- 2 stroka česna, nasekljana
- 1 skodelica popečenih kosov somuna (pita ali libanonski kruh)
- 1/4 skodelice pinjol, opečenih
- 2 žlici prečiščenega masla (ghee)
- Mleta kumina, po okusu
- Sol in poper po okusu

NAVODILA:
a) V servirni krožnik zložimo popečene kose somuna.
b) V posodi zmešajte jogurt s mletim česnom, soljo in poprom. Namažemo po kruhu.
c) Po vrhu potresemo kuhano čičeriko.
d) Pokapljamo s prečiščenim maslom in po vrhu potresemo popečene pinjole in mleto kumino.
e) Postrezite toplo kot izdatno in okusno enolončnico za zajtrk.

14.Syrian Flatb branje

SESTAVINE:
- 1 11/16 skodelice vode
- 2 žlici rastlinskega olja
- ½ čajne žličke belega sladkorja
- 1 ½ čajne žličke soli
- 3 skodelice večnamenske moke
- 1 ½ čajne žličke aktivnega suhega kvasa

NAVODILA:
a) Sestavine dajte v pekač kruhomata v vrstnem redu, ki ga priporoča proizvajalec.
b) Na vašem aparatu za kruh izberite cikel za testo in pritisnite Start.
c) Ko je cikel testa skoraj končan, segrejte pečico na 475 stopinj F (245 stopinj C).
d) Testo zvrnemo na rahlo pomokano površino.
e) Testo razdelimo na osem enakih kosov in jih oblikujemo v kroge.
f) Okrogle pokrijemo z vlažno krpo in pustimo počivati.
g) Vsak krog testa razvaljajte v tanek ploščat krog s premerom približno 8 palcev.
h) Pecite dve rundi naenkrat na predhodno ogretih pekačih ali kamnu za peko, dokler ne napihnejo in postanejo zlato rjave barve, približno 5 minut.
i) Postopek ponovimo za preostale štručke.
j) Sirski kruh postrezite topel in uživajte v njegovi vsestranskosti ob kosilu ali večerji.

15. Labneh in Za'atar Toast

SESTAVINE:
- Labneh (pasirani jogurt)
- Mešanica začimb Za'atar
- Olivno olje
- Pita kruh ali hrustljav kruh

NAVODILA:
a) Veliko količino labneha namažite na popečen pita kruh ali vaš najljubši hrustljav kruh.
b) Potresemo z mešanico začimb za'atar .
c) Pokapljamo z oljčnim oljem.
d) Postrežemo kot odprt sendvič ali narežemo na manjše kose.

PRIGRIZKI IN PREDJEDI

16. Khubz (ploski čips).

SESTAVINE:
- 4 kruhki (Khubz)
- 2 žlici olivnega olja
- 1 čajna žlička mlete kumine
- 1 čajna žlička paprike
- Sol po okusu

NAVODILA:
a) Pečico segrejte na 350°F (180°C).
b) Somune premažemo z olivnim oljem in potresemo s kumino, papriko in soljo.
c) Somune narežemo na trikotnike ali trakove.
d) Pečemo v pečici 10-12 minut oziroma dokler ne postane hrustljava.
e) Ohladite pred serviranjem.

17. Datlji z mandlji

SESTAVINE:
- Sveži datlji
- Mandlji, celi ali razpolovljeni

NAVODILA:
a) Datlje izkoščičite tako, da naredite majhen zarez in jim odstranite semena.
b) V vdolbino, ki jo pusti seme, vstavite cel mandelj ali polovico.

18.Falafel

SESTAVINE:
- 2 skodelici namočene in odcejene čičerike
- 1 majhna čebula, sesekljana
- 3 stroki česna, sesekljani
- 1/4 skodelice svežega peteršilja, sesekljanega
- 1 čajna žlička mlete kumine
- 1 čajna žlička mletega koriandra
- Sol in poper po okusu
- Olje za cvrtje

NAVODILA:
a) V kuhinjskem robotu zmešajte čičeriko, čebulo, česen, peteršilj, kumino, koriander, sol in poper, dokler ne nastane groba zmes.
b) Zmes oblikujte v majhne kroglice ali polpete.
c) V ponvi segrejemo olje in na obeh straneh zlato rjavo popečemo.
d) Odcedimo na papirnatih brisačah.
e) Postrezite vroče s tahinijevo omako ali jogurtom.

19. Špinačna maščoba

SESTAVINE:
- 2 skodelici sesekljane špinače
- 1 majhna čebula, drobno sesekljana
- 1/4 skodelice pinjol
- 1 žlica olivnega olja
- 1 čajna žlička mletega ruja
- Sol in poper po okusu
- Testo za pico ali že pripravljeni lističi peciva

NAVODILA:
a) Na oljčnem olju prepražimo čebulo, da postekleni.
b) Dodamo narezano špinačo in kuhamo, dokler ne oveni.
c) Vmešajte pinjole, mleti ruj, sol in poper.
d) Testo za pico ali pecivo razvaljamo in narežemo na kroge.
e) Na vsak krog položimo žlico špinačne zmesi, prepognemo na pol in zalepimo robove.
f) Pečemo do zlato rjave barve.
g) Postrežemo toplo.

20. Polnjene čebule

SESTAVINE:
- 4 velike čebule (skupaj 2 lb / 900 g, olupljena teža) približno 1⅔ skodelice / 400 ml zelenjavne juhe
- 1½ žlice melase granatnega jabolka
- sol in sveže mlet črni poper
- NADEV
- 1½ žlice oljčnega olja
- 1 skodelica / 150 g drobno sesekljane šalotke
- ½ skodelice / 100 g kratkozrnatega riža
- ¼ skodelice / 35 g zdrobljenih pinjol
- 2 žlici sesekljane sveže mete
- 2 žlici sesekljanega ploščatega peteršilja
- 2 žlički posušene mete
- 1 žlička mlete kumine
- ⅛ žličke mletih nageljnovih žbic
- ¼ žličke mletega pimenta
- ¾ žličke soli
- ½ žličke sveže mletega črnega popra
- 4 rezine limone (neobvezno)

NAVODILA:

a) Olupite in odrežite približno ¼ palca / 0,5 cm z vrhov in repov čebule, narezano čebulo položite v veliko ponev z veliko vode, zavrite in kuhajte 15 minut. Odcedimo in postavimo na stran, da se ohladi.

b) Za pripravo nadeva segrejte olivno olje v srednji ponvi na srednje močnem ognju in dodajte šalotko. Med pogostim mešanjem pražimo 8 minut, nato dodamo vse preostale sestavine razen rezin limone. Ogenj zmanjšajte in nadaljujte s kuhanjem ter mešanjem 10 minut.

c) Z majhnim nožem naredite dolg rez od vrha čebule do dna, tako da poteka vse do sredine, tako da ima vsaka plast čebule samo eno zarezo. Začnite nežno ločevati plasti čebule, eno za drugo, dokler ne dosežete sredice. Naj vas ne skrbi, če se bodo nekatere plasti med luščenjem nekoliko raztrgale; še vedno jih lahko uporabljate.

d) Z eno dlanjo primite plast čebule in z žlico dodajte približno 1 žlico riževe mešanice na polovico čebule, tako da nadev položite blizu enega konca odprtine. Naj vas ne zamika, da bi ga napolnili še več, saj mora biti lepo in udobno zavit. Prazno stran čebule prepognite preko polnjene strani in jo tesno zvijte, tako da je riž prekrit z nekaj plastmi čebule brez zraka v sredini.

e) Položite v srednjo ponev, za katero imate pokrov, s šivi navzdol in nadaljujte s preostalo mešanico čebule in riža. Čebulo položite eno poleg druge v ponev, tako da ni prostora za premikanje. Morebitne prostore napolnite z deli čebule, ki jih niste polnili. Dodajte toliko juhe, da je čebula do treh četrtin pokrita, skupaj z melaso granatnega jabolka in začinite s ¼ čajne žličke soli.

f) Ponev pokrijemo in na najnižjem možnem vrenju kuhamo 1½ do 2 uri, dokler tekočina ne izhlapi. Postrezite toplo ali pri sobni temperaturi, po želji z rezinami limone.

21. Latkes

SESTAVINE:
- 5½ skodelice / 600 g olupljenega in naribanega precej voskastega krompirja, kot je Yukon Gold
- 2¾ skodelice / 300 g olupljenega in naribanega pastinaka
- ⅔ skodelice / 30 g drobnjaka, drobno sesekljanega
- 4 beljaki
- 2 žlici koruznega škroba
- 5 žlic / 80 g nesoljenega masla
- 6½ žlice / 100 ml sončničnega olja
- sol in sveže mlet črni poper
- kislo smetano, za serviranje

NAVODILA:
a) Krompir sperite v veliki skledi hladne vode. Odcedite v cedilu, iztisnite odvečno vodo in nato krompir razprostrite na čisto kuhinjsko krpo, da se popolnoma posuši.
b) V veliki skledi zmešajte krompir, pastinak, drobnjak, jajčne beljake, koruzni škrob, 1 čajno žličko soli in veliko črnega popra.
c) V veliki ponvi na srednje močnem ognju segrejte polovico masla in polovico olja. Z rokami poberite porcije po približno 2 žlici mešanice latke, močno stisnite, da odstranite nekaj tekočine, in oblikujte tanke polpete, debele približno 3/8 palca / 1 cm in premera 3¼ palca / 8 cm.
d) Previdno položite toliko latkejev, kolikor jih lahko udobno spravite v ponev, jih nežno potisnite navzdol in poravnajte s hrbtno stranjo žlice. Na srednje močnem ognju pražimo 3 minute na vsaki strani. Latke morajo biti zunaj popolnoma rjave. Ocvrte latke vzamemo iz olja, položimo na papirnate brisače in pustimo na toplem, medtem ko pečemo ostale.
e) Po potrebi dodajte preostalo maslo in olje. Postrezite takoj s kislo smetano ob strani.

22.Različni datlji

SESTAVINE:
- 4-5 skodelic brez koščic ali katere koli sorte
- 1/2 skodelice praženih sončničnih semen
- 1/2 skodelice praženih bučnih semen
- 1/2 skodelice praženih belih sezamovih semen
- 1/2 skodelice praženih črnih sezamovih semen
- 1/2 skodelice praženih arašidov

NAVODILA:
a) Operite in posušite vse datlje. Prepričajte se, da so suhi in brez vlage.
b) Na sredini vsakega datlja naredite zarezo in odstranite semena. Zavrzite semena.
c) Sredino vsakega datlja napolnite s praženimi sončničnimi semeni, bučnimi semeni, belim sezamom, črnim sezamom in arašidi.
d) Nadevane datlje razporedite po velikem krožniku, da bodo lahko dostopni in vizualno privlačni.
e) Izbrane datlje hranite v nepredušnih posodah v hladilniku.

23.Napaka

SESTAVINE:
- 2 pločevinki fava fižola, odcejeni in oplaknjeni
- 2 stroka česna, nasekljana
- 1/4 skodelice olivnega olja
- Sok 1 limone
- Sol in poper po okusu
- Sesekljan peteršilj za okras
- kruh (Rukhal), za serviranje

NAVODILA:
a) V ponvi na olivnem olju prepražimo sesekljan česen, da zadiši.
b) Dodajte fava fižol in kuhajte, dokler se ne segreje.
c) Fižol rahlo pretlačimo z vilicami.
d) Začinite z limoninim sokom, soljo in poprom.
e) Okrasite s sesekljanim peteršiljem.
f) Postrezite s kruhom.

24. Samosa

SESTAVINE:
ZA SAMOSA TESTO:
- 2 skodelici večnamenske moke (maida) (260 gramov)
- 1 čajna žlička ajwain (karombol semena)
- 1/4 čajne žličke soli
- 4 žlice + 1 čajna žlička olja (60 ml + 5 ml)
- Voda za gnetenje testa (približno 6 žlic)

ZA NADEV SAMOSA:
- 3-4 srednje veliki krompirji (500-550 gramov)
- 2 žlici olja
- 1 čajna žlička kuminovih semen
- 1 čajna žlička semen koromača
- 2 žlički zdrobljenih koriandrovih semen
- 1 čajna žlička drobno sesekljanega ingverja
- 1 zeleni čili, sesekljan
- 1/4 čajne žličke hing (asafetida)
- 1/2 skodelice + 2 žlici zelenega graha (namočenega v topli vodi, če uporabljate zamrznjenega)
- 1 čajna žlička koriandra v prahu
- 1/2 čajne žličke garam masale
- 1/2 čajne žličke amčurja (posušen mango v prahu)
- 1/4 čajne žličke rdečega čilija v prahu (ali po okusu)
- 3/4 čajne žličke soli (ali po okusu)
- Olje za globoko cvrtje

NAVODILA:
NAREDITE TESTO ZA SAMOSO:
a) V veliki skledi zmešajte večnamensko moko, ajwain in sol.
b) Dodamo olje in z oljem vtremo moko, da postane podobna drobtinam. To naj traja 3-4 minute.
c) Vodo dodajamo postopoma in gnetemo, da nastane trdo testo. Ne preobremenite testa; moralo bi se samo združiti.
d) Testo pokrijemo z vlažno krpo in pustimo počivati 40 minut.

NAREDITE KROMPIRJEV NADEV:
e) Krompir skuhajte do konca (8-9 piščalk, če uporabljate lonec na pritisk na štedilniku ali 12 minut pri visokem tlaku v instant loncu).
f) Krompir olupimo in pretlačimo.
g) V ponvi segrejte olje in dodajte semena kumine, semena komarčka in zdrobljena semena koriandra. Pražite, dokler ne zadiši.
h) Dodamo nasekljan ingver, zeleni čili, hing , kuhan in pretlačen krompir ter zeleni grah. Dobro premešaj.
i) Dodajte koriander v prahu, garam masalo, amčur , rdeči čili v prahu in sol. Mešajte, dokler se dobro ne vključi. Odstavite z ognja in pustite, da se nadev ohladi.

OBLIKUJTE IN ocvrite SAMOSO:
j) Ko testo počiva, ga razdelimo na 7 enakih delov.
k) Vsak del razvaljajte v krog premera 6-7 cm in ga prerežite na dva dela.
l) Vzemite en del, nanesite vodo na ravni rob in oblikujte stožec. Nadevamo z 1-2 žlicama krompirjevega nadeva.
m) Samoso zaprite tako, da stisnete robove. Ponovite za preostalo testo.
n) Na majhnem ognju segrejte olje. Samose na majhnem ognju cvremo do čvrstih in svetlo rjavih (10-12 minut). Ogenj povečamo na srednjo in pražimo do zlato rjave barve.
o) Cvrete 4-5 samos naenkrat in vsaka serija bo trajala približno 20 minut na majhnem ognju.

25.Muhammara (sirska pekoča paprika)

SESTAVINE:
- 2 sladki papriki, brez semen in na četrtine
- 3 rezine polnozrnatega kruha, odstranjene skorje
- ¾ skodelice praženih orehov, sesekljanih
- 2 žlici limoninega soka
- 2 žlici alepskega popra
- 2 žlički melase iz granatnega jabolka
- 1 strok česna, sesekljan
- 1 čajna žlička kuminih semen, grobo mleta
- Sol po okusu
- ½ skodelice oljčnega olja
- 1 ščepec sumaka v prahu

NAVODILA:
a) Rešetko pečice postavite približno 6 centimetrov od vira toplote in predhodno segrejte brojlerja v pečici.
b) Pekač obložite z aluminijasto folijo.
c) Papriko z odrezano stranjo navzdol položite na pripravljen pekač.
d) Pečemo pod predhodno segretim brojlerjem, dokler lupina paprike ne počrni in se ne pojavi mehur, približno 5 do 8 minut.
e) Rezine kruha popečemo v toasterju in pustimo, da se ohladijo.
f) Popečen kruh položite v plastično vrečko, ki jo je mogoče zapreti, iztisnite zrak, vrečko zaprite in zdrobite z valjarjem, da naredite drobtine.
g) Pečene paprike preložimo v skledo in tesno zapremo s plastično folijo.
h) Pustite na stran, dokler lupine paprike niso ohlapne, približno 15 minut.
i) Odstranite in zavrzite kože.
j) Olupljene paprike pretlačimo z vilicami.
k) V kuhinjskem robotu zmešajte pretlačeno papriko, krušne drobtine, pražene orehe, limonin sok, alepsko papriko, melaso granatnega jabolka, česen, kumino in sol.
l) Mešanico nekajkrat pretresite, da se zmeša, preden jo zaženete na najnižji nastavitvi.
m) Počasi dolivajte olivno olje v mešanico popra, ko se meša, dokler se popolnoma ne združi.
n) Mešanico muhammare prenesite v servirni krožnik.
o) Pred serviranjem mešanico potresemo s sumakom.

26.Baba Ghanoush

SESTAVINE:
- 4 veliki italijanski jajčevci
- 2 stroka strtega česna
- 2 čajni žlički košer soli ali po okusu
- 1 limona, iztisnjena ali več po okusu
- 3 žlice tahinija ali več po okusu
- 3 žlice ekstra deviškega oljčnega olja
- 2 žlici navadnega grškega jogurta
- 1 ščepec kajenskega popra ali po okusu
- 1 list sveže mete, mlet (neobvezno)
- 2 žlici sesekljanega svežega italijanskega peteršilja

NAVODILA:
a) Predgrejte zunanji žar na srednje visoki temperaturi in rahlo naoljite rešetko.
b) Površino lupine jajčevca večkrat prebodemo s konico noža.
c) Jajčevce položite neposredno na žar. Pogosto obračajte s kleščami, medtem ko koža zogleni.
d) Kuhajte, dokler se jajčevci ne sesedejo in postanejo zelo mehki, približno 25 do 30 minut.
e) Prenesite v skledo, tesno pokrijte z aluminijasto folijo in pustite, da se ohladi približno 15 minut.
f) Ko se jajčevci dovolj ohladijo, jih prerežite na pol in meso postrgajte v cedilo, ki ga postavite nad skledo.
g) Odcejajte 5 ali 10 minut.
h) Jajčevce prestavimo v posodo za mešanje in jim dodamo strt česen in sol.
i) Mešajte, dokler ni kremasto, vendar z malo teksture, približno 5 minut.
j) Zmešajte limonin sok, tahini, olivno olje in kajenski poper.
k) Vmešajte jogurt.
l) Skledo pokrijte s plastično folijo in postavite v hladilnik, dokler se popolnoma ne ohladi, približno 3 ali 4 ure.
m) Po okusu prilagodite začimbe.
n) Pred serviranjem vmešamo še mleto meto in sesekljan peteršilj.

GLAVNA JED

27.Jedra (leča in riž)

SESTAVINE:
- 1 skodelica oprane leče
- 1 skodelica riža
- 1 velika čebula, drobno sesekljana
- 1/4 skodelice olivnega olja
- Mleta kumina, koriander, sol in poper po okusu

NAVODILA:
a) Na oljčnem olju prepražimo sesekljano čebulo do zlate barve.
b) Dodamo lečo, riž, začimbe in vodo. Kuhajte, dokler se riž in leča ne zmehčata.
c) Pred serviranjem prepražite z vilicami.

28.Polnjen piščanec (Djaj Mahshi)

SESTAVINE:
ZA MARINIRANJE PIŠČANCA:
- 1300 gramov velikega piščanca
- 2 limoni
- 2 žlički soli
- 1 čajna žlička drobne kumine
- 1 čajna žlička mletega črnega popra

ZA KUHANJE PIŠČANCA:
- 2 skodelici vode
- 1 srednja čebula, narezana na majhne koščke
- 4 kardamom
- 3 listi lovorja

ZA NADEV:
- 3/4 skodelice egipčanskega riža (majhnega), opranega in namočenega v hladni vodi za
- 30 minut in dobro odcejeno
- 1 žlica rastlinskega olja
- 1 žlica margarine
- 2 žlici pinjol ali katere koli vrste oreščkov
- 150 g mletega mesa, brez maščobe (po želji)
- 1 majhna čebula, narezana na majhne koščke
- 3/4 skodelice tople vode
- 1 čajna žlička sladke paprike
- 1 čajna žlička soli
- 1 čajna žlička mletega črnega popra
- 1/2 čajne žličke drobnega cimeta
- 1 žlica rastlinskega olja, za pečico
- 1 žlica paradižnikove omake, za v pečico

NAVODILA:

a) Piščanca malo pregledamo z nožem, dokler ne odstranimo morebitnega perja, ki je še prisotno. Nato piščanca dobro natremo z limono znotraj in zunaj, nato ga natremo z mešanico soli, črnega popra in kumine ter pustimo v hladilniku dve uri, da se marinada vpije.

b) Za pripravo nadeva v ponev na ogenj damo olje in margarino, nato malo prepražimo pinjole, nato dodamo čebulo in mešamo, da čebula oveni, dodamo mleto meso in mešamo, dokler meso ne izsuši vode.

c) Dodamo 3/4 skodelice vrele vode in premešamo, nato dodamo riž in mešamo 5 minut, dodamo sol, papriko, črni poper in cimet ter premešamo, nato malo zmanjšamo ogenj, dokler riž ni napol kuhan, ga odstavimo s kuhalnika. ogenj in pustite, dokler se ne ohladi.

d) Piščanca začnemo polniti od vratu, nato notranjosti, nadevamo pod peruti in odprta mesta zapremo z nitjo (pazimo, da piščanca ne napolnimo do konca, ker se potem volumen riža poveča).

e) V široko ponev damo piščanca na hrbet s toliko vode, da ga prekrijemo s kardamomom, sesekljano čebulo in pustimo vreti na majhnem ognju, dokler piščanec ne začne zoreti.

f) Piščanca vzamemo iz lonca in ga od zunaj s čopičem namažemo z mešanico omake in olja. V vrečko za žar ga damo s 4 žlicami juhe, nato vrečko dobro zapremo, nato pa z žebljičkom naredimo z vrha luknjico, da se ne boči preveč v notranjosti pečice. Nato vrečko položimo v pekač.

g) Pečenega polnjenega piščanca na palestinski način gremo v pečico na žaru do popolne zapečenosti, med cvrtjem obrnemo vrečko, nato pa ga vzamemo iz pečice in položimo na servirni krožnik ter postrežemo.

29.Piščanec na žaru (Djaj Harari)

SESTAVINE:
PIŠČANEC
- Torba za žar
- Voda 1 skodelica
- 1 velik krompir, narezan na kvadratke
- Korenček ali dva sesekljana korenčka

NADEV:
- česen 1 glava
- 1 čebula
- Paradižnik
- limonin sok
- majhna žlica kisa
- majhna skodelica za olivno olje
- Dve žlici paradižnikove paste
- Sol (po želji)
- žlica sojine omake

NAVODILA:
a) Sestavine za nadev dajte v mešalnik, nato dodajte piščanca in
b) v piščanca naredite luknje, ga začinite in marinirate štiri ure ali celo noč.
c) Zelenjavo, ki jo želimo dati k piščancu, solimo, začinimo in damo v vrečko s piščancem.
d) Vrečko zaprite z vrha, položite v pladenj, v pladenj nalijte skodelico vode in z nožem preluknjajte vrečko, da izpustite zrak.
e) Postavite v pečico, ogreto od ure do ure in četrt na temperaturo 180 stopinj, v pladenj pa lahko dolijete vodo, če se posuši, preden je pripravljen.
f) Vzamemo iz vrečke in postrežemo z jogurtom in kumaricami, zdravo in pripravljeno.

30.slez (Khuzaibah)

SESTAVINE:
- En ali dva šopka svežih listov sleza (sirnika)
- 1 čebula
- olivno olje
- Pšenična moka ali sol iz navadne moke
- Črni poper
- Pekoča omaka
- Drobno sesekljana rdeča paprika
- vrelo vodo

NAVODILA:
a) Previdno poberite liste in odstranite stebla.
b) Zavrite vodo. Ko zavre, slezove liste spustimo v vodo. Mešajte, dokler niso gladki.
c) Ta naslednji korak zahteva kosilnico ali mešalo, ki je lesena palica z več luknjami. Iz lukenj štrlijo majhne lesene palčke. S pripomočkom premešamo liste sleza. Za isti namen lahko uporabite metlico za stepanje jajc Ann, lahko pa tudi opustite mešalnik ali metlico in uporabite le leseno žlico.
d) Ko se slez stopi in njegovi listi razpadejo, moki dodamo malo vode in mešamo, dokler ne nastanejo majhne kepe testa.
e) Položite na kuhan khubaizeh , začinite s soljo in črnim poprom; dodamo sesekljano rdečo papriko in žlico rdeče čilijeve omake.
f) Pustimo na majhnem ognju, dokler testo popolnoma ne dozori.
g) Čebulo narežemo na majhne koščke in prepražimo na oljčnem olju, da rahlo porjavi, nato khubaizah dodamo mešanico čebule in olja ter malo pokuhamo.
h) Postrežemo vroče s svežim kruhom, limono, pekočo omako in kislimi kumaricami, lahko pa tudi v obliki fattaha (nasekljan kruh, čez pa kuhana slezova juha).

31.Polnjene bučke (Mahshi Kpusa)

SESTAVINE:
- 1 funt jagnjetine, govedine ali perutnine, mlete s travo
- 2,5 skodelice opranega kratkozrnatega belega riža (glejte opombo)
- 1 žlička cimeta
- 1 žlička mletega pimenta
- 1/4 žličke muškatnega oreščka
- 1/4 žličke mletega kardamoma
- Sol in črni poper po okusu
- 4 žlice oljčnega olja (razdeljeno)

ZELENJAVA
- 12-14 (približno 4 funte) majhnih bučk, dolgih približno 5-6 palcev in 1
- do 2 palca v premeru
- Sol in poper po okusu

OMAKA
- 2 skodelici piščančje juhe. Uporabljam samo vodo, popolnoma je v redu (dovolj, da potopim zelenjavo)
- 28 oz zdrobljenih paradižnikov
- 1 žlica paradižnikove paste
- 4 kilograme svežih paradižnikov.
- 3 stroki česna
- Lovorjev list

NAVODILA:
a) Najprej tem bučkam olupite sredico. Na spletu in v večini trgovin z živili na Bližnjem vzhodu zlahka najdete olupke za bučke.
b) To je odlična tehnika za učenje in vadbo, saj se uporablja v toliko polnjenih zelenjavah. Ne počutite se slabo, če jih zlomite nekaj. Potrebna je praksa. Najprej odrežite stebla. Za lažje delo bi potrebovali posebno orodje, kot je strgalo za jabolka. Nadaljujte z izrezovanjem sredice, kot bi izrezovali bučo, dokler stene niso debele približno 1/8 palca in ne dosežete dna. Ta korak boste naredili nekajkrat, dokler bučke ne postrgate in osvobodite, da bo dovolj prostora za nadev. Pazite, da vanje ne naredite luknje, če je mogoče. Če imate jabolčni strgalnik, ga uporabite. Meso ne zavrzite. Z lahkoto ga skuhate samo z začimbami ali z jajci in ga jeste s svežim kruhom.

c) Riž nekajkrat sperite v hladni vodi, dokler voda ne postane bistra, s tem se boste znebili nekaj škroba v rižu in tako dobili bolj puhast nadev.
d) Dušenje mesa: (neobvezno) ali pa opranemu rižu dodate surovo meso.
e) V ponvi z debelim dnom segrejte olje, dodajte meso in začimbe. Pražimo toliko časa, da malo porjavi in se razpade. Ni vam treba skuhati mesa do konca, saj se bo skuhalo v omaki.
f) Vzemite lepo globoko skledo in zmešajte vse sestavine za nadev, dokler se dobro ne premešajo. (lahko pa za to uporabite moje roke.)
g) Z mešanico s prsti nežno nadevajte bučke. Ne napolnite jih! Z nadevom napolnite le približno ¾ kouse in je ne zapakirajte. Pustite prostor, da se riž med kuhanjem razširi.
h) V velik lonec z debelim dnom dodajte dodatni 2 žlici oljčnega olja in prepražite bučkino pulpo (notranjost bučke) s stroki česna. Sestavine za omako združimo in med mešanjem zavremo. Nato zmanjšajte ogenj in kuhajte nekaj minut, da se okusi prepojijo. Okusite za začimbo. Zelo previdno potopite polnjene bučke v juho in jih dušite (pazite, da juha pokrije bučke) 50-60 minut, dokler riž ni kuhan in bučke mehke.
i) Med kuhanjem občasno preverite in če omaka potrebuje več juhe ali vode, jo dodajte. Postrežemo v globokih skledah s paradižnikovo omako na vrhu. Sahtain ! Kar je arabsko za "bon appétit", kar dobesedno pomeni "Dve zdravi za vas".

32.Polnjeno zelje (Mahshi Malfouf)

SESTAVINE:
- 1 velika glava širokolistnega zelja
- 2 celi glavici česna
- 2 kilograma jagnječjih kotletov ali jagnjetine s kostjo na dno lonca
- Limonin sok in rezine limone za serviranje.
- 3 skodelice kratkozrnatega riža, kuhanega
- 4 stroki strtega česna
- Sol in poper
- 2 žlički mletega pimenta
- 1 žlička kumine
- 1/2 žličke cimeta
- 1/4 žličke muškatnega oreščka
- 2 žlici olivnega olja
- 1 funt mletega mesa (jagnjetina, govedina, mleto piščanec ali puran (po možnosti temno meso, ne prsi).

NAVODILA:
a) Zelju odstranimo sredico.
b) Celo glavo zelja kuhamo v velikem loncu, dokler listi niso mehki in prožni.
c) Liste enega za drugim previdno olupimo.
d) V posodi za mešanje zmešajte riž, mleto meso, strt česen, sol, poper, mleto pimento, kumino, cimet, muškatni oreščekin olivno olje.
e) Sestavine temeljito premešajte.
f) Na vsak zeljni list damo žlico nadeva.
g) Ob straneh zeljnega lista zapognemo čez nadev in ga tesno zvijemo v nadev.
h) Dno večjega lonca obložimo z jagnječjimi kotleti ali jagnjetino na kosti.
i) Nadevane zeljne zvitke položimo na jagnjetino, tako da naredimo plasti.
j) Česnove glavice rahlo stisnemo, da spustijo malo okusa in jih položimo med nadevane žemljice.
k) Prilijemo toliko vode, da so nadevani žemlji.
l) Na majhnem ognju dušimo toliko časa, da je riž kuhan in se okusi prepojijo.
m) Ko so pečeni, polnjene zeljne žemljice postrezite z rezinami limone in pokapanim limoninim sokom.

33. Qalayet Banadora (paradižnikova enolončnica)

SESTAVINE:
- 4 veliki paradižniki, narezani na kocke
- 1 čebula, drobno sesekljana
- 3 stroki česna, sesekljani
- 2 žlici olivnega olja
- 1 čajna žlička mletega koriandra
- 1 čajna žlička mlete kumine
- Sol in poper po okusu
- Svež peteršilj za okras

NAVODILA:
a) V ponvi na olivnem olju prepražimo sesekljano čebulo in sesekljan česen, da se zmehčata.
b) V ponev dodamo na kocke narezan paradižnik in kuhamo toliko časa, da spusti sok.
c) Začinimo z mletim koriandrom, kumino, soljo in poprom. Dobro premešamo.
d) Enolončnico dušimo toliko časa, da se paradižnik popolnoma skuha in omaka zgosti.
e) Pred serviranjem okrasite s svežim peteršiljem.

34. Vložene zelene oljke

SESTAVINE:
- 2 skodelici zelenih oliv
- 1 skodelica vode
- 1 skodelica belega kisa
- 1 žlica soli
- 2 stroka česna, zdrobljena
- 1 čajna žlička koriandrovih semen
- 1 čajna žlička semen koromača
- 1 čajna žlička rdeče paprike (neobvezno)

NAVODILA:
a) Oplaknite in odcedite zelene olive.
b) V ponvi zmešajte vodo, kis, sol, česen, koriandrova semena, semena komarčka in rdeče paprike (če jih uporabljate). Zavremo.
c) V vrelo mešanico dodamo zelene olive in pustimo vreti 5-10 minut.
d) Pustite, da se mešanica ohladi, nato pa olive in tekočino prenesite v steriliziran kozarec.
e) Kozarec zapremo in pred zaužitjem postavimo v hladilnik vsaj 24 ur.

35. Musaka

SESTAVINE:
- 2 velika jajčevca, narezana na rezine
- 1 funt mlete jagnjetine ali govedine
- 1 čebula, drobno sesekljana
- 3 stroki česna, sesekljani
- 2 velika paradižnika, narezana na kocke
- 1/2 skodelice paradižnikove paste
- 1 čajna žlička mletega cimeta
- Sol in poper po okusu
- Oljčno olje za cvrtje

NAVODILA:
a) Rezine jajčevca posolite in pustite stati 30 minut, da odstranite odvečno vlago. Izperite in posušite.
b) V ponvi segrejemo olivno olje in na njem zlato prepražimo rezine jajčevca. Dati na stran.
c) V isti ponvi prepražimo mleto meso, sesekljano čebulo in sesekljan česen, da porjavi.
d) Dodamo na kocke narezan paradižnik, paradižnikovo mezgo, mleti cimet, sol in poper. Kuhamo toliko časa, da se zmes zgosti.
e) V pekač zložimo ocvrte rezine jajčevca in mesno mešanico.
f) Pecite v predhodno ogreti pečici pri 350 °F (175 °C) približno 30 minut ali dokler ne zapečejo.

36.Juha iz leče in buč

SESTAVINE:
- 1 skodelica rdeče leče
- 2 skodelici narezane buče
- 1 čebula, sesekljana
- 3 stroki česna, sesekljani
- 1 čajna žlička mlete kumine
- 1 čajna žlička mletega koriandra
- 6 skodelic zelenjavne juhe
- Sol in poper po okusu
- Olivno olje za praženje

NAVODILA:
a) V loncu na olivnem olju prepražimo sesekljano čebulo in sesekljan česen, da se zmehčata.
b) Dodamo na kocke narezano bučo, rdečo lečo, mleto kumino, mleti koriander, sol in poper. Dobro premešamo.
c) Prilijemo zelenjavno juho in zavremo. Zmanjšajte ogenj in dušite, dokler se leča in buča ne zmehčata.
d) Uporabite potopni mešalnik, da juho pretlačite do želene gostote.
e) Po potrebi prilagodite začimbe in postrezite vroče.

37.Začinjena riba Gazan

SESTAVINE:
- 4 ribji fileji (na primer brancin ali škarpina)
- 2 žlici olivnega olja
- 1 čebula, drobno sesekljana
- 3 stroki česna, sesekljani
- 2 paradižnika, narezana na kocke
- 1 čajna žlička mlete kumine
- 1 čajna žlička mletega koriandra
- 1 čajna žlička paprike
- 1/2 čajne žličke kajenskega popra
- Sol in poper po okusu
- Svež cilantro za okras

NAVODILA:
a) V ponvi na olivnem olju prepražimo sesekljano čebulo in sesekljan česen, da se zmehčata.
b) Dodamo na kocke narezan paradižnik, mleto kumino, mleti koriander, papriko, kajenski poper, sol in poper. Kuhajte, dokler paradižnik ne razpade.
c) Ribje fileje začinite s soljo in poprom, nato pa jih položite v ponev s paradižnikovo mešanico.
d) Ribo kuhajte, dokler ni neprozorna in se zlahka razkosmi z vilicami.
e) Pred serviranjem okrasite s svežim cilantrom.

38.Skleda za kozice

SESTAVINE:
- 1 funt velika kozica, olupljena in razrezana
- 2 skodelici kuhanega riža
- 1 paprika, narezana na rezine
- 1 bučka, narezana na rezine
- 1 čebula, narezana
- 3 stroki česna, sesekljani
- 2 žlici olivnega olja
- 1 čajna žlička mlete kumine
- 1 čajna žlička prekajene paprike
- Sol in poper po okusu
- Rezine sveže limone za serviranje

NAVODILA:
a) V ponvi na oljčnem olju prepražimo narezano papriko, bučke in čebulo, dokler se ne zmehčajo.
b) Dodamo sesekljan česen, mleto kumino, dimljeno papriko, sol in poper. Dobro premešamo.
c) V ponev dodamo kozice in kuhamo, dokler ne postanejo rožnate in neprozorne.
d) Mešanico kozic in zelenjave postrežemo čez kuhan riž.
e) Pred serviranjem jed pokapamo s svežim limoninim sokom.

39.Špinačne pite

SESTAVINE:
- 2 skodelici sesekljane špinače
- 1 skodelica zdrobljenega feta sira
- 1 čebula, drobno sesekljana
- 2 žlici olivnega olja
- Sol in poper po okusu
- 1 paket vnaprej pripravljenega testa za pecivo

NAVODILA:
a) V ponvi na olivnem olju prepražimo sesekljano čebulo, da se zmehča.
b) Dodamo narezano špinačo in kuhamo, dokler ne oveni. Začinimo s soljo in poprom.
c) Odstranite z ognja in pustite, da se ohladi. Vmešamo nadrobljen feta sir.
d) Testo razvaljamo in izrežemo kroge. Na sredino položimo žlico špinačne mešanice.
e) Testo prepognemo čez nadev, da oblikujemo obliko polmeseca. Zaprite robove.
f) Pečemo po navodilih za testo oziroma do zlato rjave barve.

40.Musakhan

SESTAVINE:
- 4 piščančja bedra
- 1 velika čebula, narezana na tanke rezine
- 1/4 skodelice olivnega olja
- 1 čajna žlička mletega ruja
- 1 čajna žlička mlete kumine
- 1 čajna žlička mletega koriandra
- Sol in poper po okusu
- Palestinski somun (taboon ali katerikoli somun)
- Sesekljan peteršilj in popečene pinjole za okras

NAVODILA:
a) Pečico segrejte na 400°F (200°C).
b) Piščančja bedra začinimo s sumakom, kumino, koriandrom, soljo in poprom.
c) V ponvi segrejte olivno olje in na njem prepražite narezano čebulo, da karamelizira.
d) V ponev dodamo začinjena piščančja bedra in jih na obeh straneh zapečemo.
e) Piščanca in čebulo položite na kruh. Pokapljamo z oljčnim oljem.
f) Pečemo v pečici, dokler piščanec ni pečen.
g) Pred serviranjem okrasite s sesekljanim peteršiljem in popečenimi pinjolami.

41.Timijan Mutabbaq

SESTAVINE:
- 2 skodelici svežih listov timijana
- 1/2 skodelice olivnega olja
- Sol po okusu
- Testo za palestinsko pecivo ali vnaprej pripravljene liste

NAVODILA:
a) Pečico segrejte na 375 °F (190 °C).
b) V posodi zmešamo sveže timijanove lističe z olivnim oljem in soljo.
c) Testo za somun razvaljajte ali uporabite vnaprej pripravljene liste.
d) Na polovico testa enakomerno razporedite mešanico timijana, drugo polovico pa prepognite in zaprite robove.
e) Pečemo v pečici, da postanejo zlato rjavi in hrustljavi.

42. Malfouf

SESTAVINE:
- Zeljni listi
- 1 skodelica riža, opranega
- 1/2 funta mlete jagnjetine ali govedine
- 1 čebula, drobno sesekljana
- 2 žlici paradižnikove paste
- 2 žlici olivnega olja
- 1 čajna žlička mletega cimeta
- Sol in poper po okusu
- Limonine rezine za serviranje

NAVODILA:
a) Ohrovtove liste kuhamo, dokler se ne zmehčajo. Odcedimo in odstavimo.
b) V ponvi na oljčnem olju prepražimo sesekljano čebulo, da postekleni.
c) Dodamo mleto meso in kuhamo, dokler ne porjavi. Vmešajte paradižnikovo pasto, cimet, sol in poper.
d) V vsak zeljni list damo žlico mesne mešanice in tesno zvijemo.
e) Nadevane liste razporedimo po loncu. Dodajte toliko vode, da pokrije.
f) Na majhnem ognju dušimo toliko časa, da se riž skuha in zeljni zavitki zmehčajo.
g) Postrezite z rezinami limone.

43.Al Qidra Al Khaliliya

SESTAVINE:
- 2 skodelici basmati riža
- 1/2 skodelice prečiščenega masla (ghee)
- 1 velika čebula, narezana na tanke rezine
- 1,5 kg jagnjetine ali piščanca, narezanega na koščke
- 1/2 skodelice čičerike, namočene čez noč
- 1/2 skodelice celih mandljev
- 1/2 skodelice rozin
- 1 čajna žlička mletega cimeta
- 1 čajna žlička mletega pimenta
- Sol in poper po okusu
- 4 skodelice piščančje ali goveje juhe

NAVODILA:
a) Riž oplaknemo in ga za 30 minut namočimo v vodo. Odtok.
b) V velikem loncu na srednjem ognju stopite prečiščeno maslo. Dodamo narezano čebulo in pražimo do zlato rjave barve.
c) Dodamo kose mesa in jih zapečemo z vseh strani.
d) Vmešajte namočeno čičeriko, mandlje, rozine, cimet, piment, sol in poper.
e) V lonec dodamo odcejen riž in dobro premešamo.
f) Zalijemo s piščančjo ali govejo juho in zavremo. Zmanjšamo ogenj, pokrijemo in dušimo, dokler riž ni kuhan in se tekočina vpije.
g) Pustimo nekaj minut počivati, nato pa riž z vilicami prepražimo.
h) Postrezite vroče, po želji okrašeno z dodatnimi mandlji in rozinami.

44.Rissole: mleto meso

SESTAVINE:
- 1 kg mletega mesa (govedina, jagnjetina ali mešanica)
- 1 čebula, drobno sesekljana
- 2 stroka česna, nasekljana
- 1/2 skodelice drobtin
- 1/4 skodelice mleka
- 1 jajce
- 1 čajna žlička mlete kumine
- 1 čajna žlička paprike
- Sol in poper po okusu
- Moka za oblaganje
- Rastlinsko olje za cvrtje

NAVODILA:
a) V skledi zmešamo mleto meso, sesekljano čebulo, mlet česen, drobtine, mleko, jajce, mleto kumino, papriko, sol in poper. Mešajte, dokler se dobro ne poveže.
b) Zmes oblikujte v majhne polpete ali kroglice.
c) Vsako polpetico povaljajte v moki, da bo enakomerno prekrita.
d) V ponvi na srednjem ognju segrejte rastlinsko olje.
e) Polpete na obeh straneh zlato rjavo ocvremo in zapečemo.
f) Odcedite na papirnatih brisačah, da odstranite odvečno olje.
g) Postrezite vroče s svojo najljubšo omako.

45.Mejadra

SESTAVINE:
- 1¼ skodelice / 250 g zelene ali rjave leče
- 4 srednje velike čebule (1½ lb / 700 g pred lupljenjem)
- 3 žlice večnamenske moke
- približno 1 skodelica / 250 ml sončničnega olja
- 2 žlički kuminovih semen
- 1½ žlice koriandrovih semen
- 1 skodelica / 200 g basmati riža
- 2 žlici olivnega olja
- ½ žličke mlete kurkume
- 1½ žličke mletega pimenta
- 1½ žličke mletega cimeta
- 1 žlička sladkorja
- 1½ skodelice / 350 ml vode
- sol in sveže mlet črni poper

NAVODILA
a) Lečo damo v manjšo ponev, zalijemo z veliko vode, zavremo in kuhamo 12 do 15 minut, dokler se leča ne zmehča, a še vedno malo ugrizne. Odcedimo in odstavimo.
b) Čebuli olupimo in na tanko narežemo. Položite na velik ploščat krožnik, potresite z moko in 1 čajno žličko soli ter dobro premešajte z rokami. V ponvi s srednje debelim dnom segrejte sončnično olje, ki ga postavite na močan ogenj. Prepričajte se, da je olje vroče, tako da vanj vržete majhen košček čebule; mora močno cvrčati. Zmanjšajte ogenj na srednjo moč in previdno (lahko pljune!) dodajte tretjino narezane čebule. Med občasnim mešanjem z rešetkasto žlico pražimo 5 do 7 minut, da se čebula lepo zlato rjavo obarva in hrustljavo zapeče (temperaturo prilagajamo, da se čebula ne ocvrti prehitro in zažge). Čebulo z žlico preložite na cedilo, obloženo s papirnatimi brisačkami, in potresite z malo več soli. Naredite enako z drugima dvema serijama čebule; po potrebi dodajte še malo olja.
c) Ponev, v kateri ste pražili čebulo, očistite in vanjo stresite kumino in koriandra. Postavite na srednji ogenj in pražite semena minuto ali dve. Dodajte riž, oljčno olje, kurkumo, piment, cimet, sladkor, ½ čajne žličke soli in veliko črnega popra. Mešajte, da se riž prekrije z oljem, nato dodajte kuhano lečo in vodo. Zavremo, pokrijemo s pokrovko in pustimo vreti na zelo majhnem ognju 15 minut.
d) Odstranite z ognja, dvignite pokrov in hitro pokrijte ponev s čisto kuhinjsko krpo. Tesno zaprite s pokrovom in pustite 10 minut.
e) Na koncu rižu in leči dodamo polovico popražene čebule in nežno premešamo z vilicami. Zmes nadevajte v plitvo servirno skledo in nanjo potresite preostalo čebulo.

46. Na'ama's fattoush

SESTAVINE:
- 1 skodelica / 200 g grškega jogurta in ¾ skodelice plus 2 žlici / 200 ml polnomastnega mleka ali 1⅔ skodelice / 400 ml pinjenca (nadomešča tako jogurt kot mleko)
- 2 velika stara turška kruha ali naan (9 oz / 250 g skupaj)
- 3 veliki paradižniki (skupaj 380 g), narezani na 1,5 cm velike kocke
- 100 g redkvice, narezane na tanke rezine
- 3 libanonske ali mini kumare (9 oz / 250 g skupaj), olupljene in narezane na ⅔-palčne / 1,5 cm velike kocke
- 2 zeleni čebuli, narezani na tanke rezine
- 15 g sveže mete
- 25 g ploščatega peteršilja, grobo sesekljanega
- 1 žlica posušene mete
- 2 stroka česna, zdrobljena
- 3 žlice sveže iztisnjenega limoninega soka
- ¼ skodelice / 60 ml oljčnega olja, plus dodatek za pokapljanje
- 2 žlici jabolčnika ali belega vinskega kisa
- ¾ žličke sveže mletega črnega popra
- 1½ žličke soli
- 1 žlica sumaka ali več po okusu, za okras

NAVODILA:
a) Če uporabljate jogurt in mleko, začnite vsaj 3 ure in največ en dan vnaprej, tako da oboje postavite v skledo. Dobro premešamo in pustimo na hladnem ali v hladilniku, da se na površini naredijo mehurčki. Dobiš nekakšen domač pinjenec, a manj kisel.

b) Kruh natrgamo na majhne koščke in damo v veliko skledo za mešanje. Dodajte svojo mešanico fermentiranega jogurta ali komercialni pinjenec, nato pa še preostale sestavine, dobro premešajte in pustite 10 minut, da se vsi okusi povežejo.

c) Mastno žlico naložite v servirne sklede, pokapajte z nekaj olivnega olja in izdatno okrasite s sumakom.

47. Baby špinačna solata z datlji in mandlji

SESTAVINE:
- 1 žlica belega vinskega kisa
- ½ srednje rdeče čebule, narezane na tanke rezine
- 100 g izkoščičenih datljev Medjool, po dolžini narezanih na četrtine
- 2 žlici / 30 g nesoljenega masla
- 2 žlici olivnega olja
- 2 majhni piti, približno 3½ oz /100 g, grobo natrgani na 1½-palčne/4 cm velike kose
- ½ skodelice / 75 g celih nesoljenih mandljev, grobo narezanih
- 2 žlički sumaka
- ½ žličke čilijevih kosmičev
- 5 oz / 150 g listov mlade špinače
- 2 žlici sveže iztisnjenega limoninega soka
- sol

NAVODILA:

a) V manjšo skledo dajte kis, čebulo in datlje. Dodajte ščepec soli in dobro premešajte z rokami. Pustite, da se marinira 20 minut, nato odcedite morebitne ostanke kisa in jih zavrzite.

b) Medtem segrejte maslo in polovico oljčnega olja v srednji ponvi na srednjem ognju. Dodajte pito in mandlje ter kuhajte 4 do 6 minut, ves čas mešajte, dokler pita ni hrustljava in zlato rjava. Odstranite z ognja in vmešajte ruj, čilijeve kosmiče in ¼ čajne žličke soli. Odstavimo, da se ohladi.

c) Ko ste pripravljeni za serviranje, vrzite špinačne liste z mešanico pita v veliko skledo za mešanje. Dodamo datlje in rdečo čebulo, preostalo olivno olje, limonin sok in še en ščepec soli. Po okusu začinite in takoj postrezite.

48. Pečena maslena buča z za'atarjem

SESTAVINE:
- 1 velika maslena buča (skupaj 2½ lb / 1,1 kg), narezana na ¾ krat 2½ palca / 2 x 6 cm velike zagozde
- 2 rdeči čebuli, narezani na 1¼-palčne / 3 cm velike kline
- 3½ žlice / 50 ml oljčnega olja
- 3½ žlice svetle paste tahini
- 1½ žlice limoninega soka
- 2 žlici vode
- 1 majhen strok česna, zdrobljen
- 3½ žlice / 30 g pinjol
- 1 žlica za'atar
- 1 žlica grobo sesekljanega ploščatega peteršilja
- Maldonska morska sol in sveže mlet črni poper

NAVODILA:
a) Pečico segrejte na 475°F / 240°C.
b) Bučo in čebulo dajte v veliko skledo za mešanje, dodajte 3 žlice olja, 1 čajno žličko soli in nekaj črnega popra ter dobro premešajte. Razporedite po pekaču s kožo navzdol in pecite v pečici 30 do 40 minut, dokler se zelenjava ne obarva in skuha. Pazite na čebulo, saj se lahko kuha hitreje kot buča in jo je treba prej odstraniti. Odstranite iz pečice in pustite, da se ohladi.
c) Za pripravo omake dajte tahini v majhno skledo skupaj z limoninim sokom, vodo, česnom in ¼ čajne žličke soli. Mešajte, dokler omaka ni konsistence medu, po potrebi dodajte še vodo ali tahini.
d) Preostalo 1½ čajne žličke olja vlijemo v majhno ponev in postavimo na srednje majhen ogenj. Dodajte pinjole skupaj s ½ čajne žličke soli in kuhajte 2 minuti, pogosto mešajte, dokler oreščki ne postanejo zlato rjavi. Odstranite z ognja in prenesite oreščke in olje v majhno skledo, da ustavite kuhanje.
e) Za serviranje zelenjavo razporedite po velikem servirnem krožniku in pokapajte po tahiniju. Po vrhu potresemo pinjole in njihovo olje, nato pa za'atar in peteršilj.

49.Mešana fižolova solata

SESTAVINE:
- 10 oz / 280 g rumenega fižola, narezanega (če ni na voljo, podvojite količino stročjega fižola)
- 10 oz / 280 g zelenega fižola, narezanega
- 2 rdeči papriki, narezani na ¼-palčne / 0,5 cm trakove
- 3 žlice oljčnega olja in 1 žlička za papriko
- 3 stroki česna, na tanko narezani
- 6 žlic / 50 g kaper, oplaknjenih in osušenih
- 1 žlička kuminovih semen
- 2 žlički koriandrovih semen
- 4 zelene čebule, narezane na tanke rezine
- ⅓ skodelice / 10 g pehtrana, grobo sesekljanega
- ⅔ skodelice / 20 g nabranih listov čebulice (ali mešanice nabranega kopra in sesekljanega peteršilja)
- naribana lupinica 1 limone
- sol in sveže mlet črni poper

NAVODILA:

a) Pečico segrejte na 450°F / 220°C.

b) Zavremo večjo ponev z veliko vode in dodamo rumeni fižol. Po 1 minuti dodajte stročji fižol in kuhajte še 4 minute oziroma dokler ni fižol kuhan, a še vedno hrustljav. Osvežite pod ledeno mrzlo vodo, odcedite, posušite in dajte v veliko skledo za mešanje.

c) Medtem papriko stresite v 1 čajno žličko olja, razporedite po pekaču in postavite v pečico za 5 minut ali dokler se ne zmehča. Odstranite iz pečice in dodajte v skledo s kuhanim fižolom.

d) V majhni kozici segrejte 3 žlice oljčnega olja. Dodajte česen in kuhajte 20 sekund; dodamo kapre (pozor, pljuvajo!) in pražimo še 15 sekund. Dodamo kumino in koriandrova semena ter pražimo še 15 sekund. Česen bi že moral pozlateti. Odstavimo z ognja in vsebino ponve takoj prelijemo k fižolu. Premešajte in dodajte zeleno čebulo, zelišča, limonino lupinico, izdatno ¼ čajne žličke soli in črni poper.

e) Postrezite ali hranite v hladilniku do en dan. Pred serviranjem ne pozabite ponovno segreti na sobno temperaturo.

50.Koreninasta zelenjavna slana z labnehom

SESTAVINE:
- 3 srednje velike pese (1 lb / 450 g skupaj)
- 2 srednje velika korenčka (9 oz / 250 g skupaj)
- ½ korenine zelene (10 oz / 300 g skupaj)
- 1 srednja koleraba (9 oz / 250 g skupaj)
- 4 žlice sveže iztisnjenega limoninega soka
- 4 žlice olivnega olja
- 3 žlice šerijevega kisa
- 2 žlički najfinejšega sladkorja
- ¾ skodelice / 25 g listov cilantra, grobo narezanih
- ¾ skodelice / 25 g listov mete, narezanih
- ⅔ skodelice / 20 g listov ploščatega peteršilja, grobo sesekljanih
- ½ žlice naribane limonine lupinice
- 1 skodelica / 200 g labneha (kupljen v trgovini ali glejte recept)
- sol in sveže mlet črni poper
- Olupite vso zelenjavo in jo narežite na tanke rezine, približno 1/16 majhnega pekočega čilija , drobno narezanega

NAVODILA:
a) V majhno ponev dajte limonin sok, olivno olje, kis, sladkor in 1 čajno žličko soli. Pustite na rahlo vreti in mešajte, dokler se sladkor in sol ne raztopita. Odstranite z ognja.
b) Zelenjavne trakove odcedimo in preložimo na papirnato brisačo, da se dobro posušijo. Posodo posušite in zamenjajte zelenjavo. Vroč preliv prelijemo čez zelenjavo, dobro premešamo in pustimo, da se ohladi. Postavimo v hladilnik za vsaj 45 minut.
c) Ko ste pripravljeni za serviranje, dodajte solati zelišča, limonino lupinico in 1 čajno žličko črnega popra. Dobro premešajte, okusite in po potrebi dodajte več soli. Naložite na servirne krožnike in postrezite z nekaj labneha ob strani.

51. Pečen paradižnik s česnom

SESTAVINE:
- 3 veliki stroki česna, zdrobljeni
- ½ majhnega pekočega čilija , drobno sesekljanega
- 2 žlici sesekljanega ploščatega peteršilja
- 3 veliki, zreli, a čvrsti paradižniki (skupaj približno 1 lb / 450 g)
- 2 žlici olivnega olja
- Maldonska morska sol in sveže mlet črni poper
- kmečki kruh, za postrežbo

NAVODILA:
a) Zmešajte česen, čili in sesekljan peteršilj v majhni skledi in odstavite. Paradižnik na vrhu in na repu ter navpično narežite na približno ⅔ palca/1,5 cm debele rezine.
b) V veliki ponvi na srednjem ognju segrejte olje. Dodamo rezine paradižnika, začinimo s soljo in poprom ter kuhamo približno 1 minuto, nato obrnemo, ponovno začinimo s soljo in poprom ter potresemo s česnovo mešanico. Nadaljujte s kuhanjem še kakšno minuto, občasno pretresite ponev, nato rezine ponovno obrnite in kuhajte še nekaj sekund, dokler niso mehke, a ne kašaste.
c) Paradižnike zvrnemo na servirni krožnik, prelijemo s sokom iz pekača in takoj postrežemo skupaj s kruhom.

52. Ocvrta cvetača s tahinijem

SESTAVINE:
- 2 skodelici / 500 ml sončničnega olja
- 2 srednji glavi cvetače (skupaj 2¼ lb / 1 kg), razdeljeni na majhne cvetove
- 8 zelenih čebul, vsaka razdeljena na 3 dolge segmente
- ¾ skodelice / 180 g svetle paste tahini
- 2 stroka česna, zdrobljena
- ¼ skodelice / 15 g ploščatega peteršilja, sesekljanega
- ¼ skodelice / 15 g sesekljane mete, plus dodatek za zaključek
- ⅔ skodelice / 150 g grškega jogurta
- ¼ skodelice / 60 ml sveže iztisnjenega limoninega soka in naribana lupinica 1 limone
- 1 žlička melase iz granatnega jabolka, plus dodatek za zaključek
- približno ¾ skodelice / 180 ml vode
- Maldonska morska sol in sveže mlet črni poper

NAVODILA:

a) V veliki ponvi na srednje močnem ognju segrejte sončnično olje. S kovinsko kleščo ali kovinsko žlico previdno polagajte po nekaj cvetov cvetače na olje in jih kuhajte 2 do 3 minute ter jih obračajte, da se enakomerno obarvajo. Ko so zlato rjavi, z žlico z režami dvignite cvetove v cedilo, da se odcedijo. Potresemo z malo soli. Nadaljujte v serijah, dokler ne porabite vse cvetače. Nato v serijah pražite zeleno čebulo, vendar le približno 1 minuto. Dodamo k cvetači. Pustimo, da se oboje malo ohladi.

b) Tahini pasto vlijemo v veliko skledo za mešanje in dodamo česen, sesekljana zelišča, jogurt, limonin sok in lupinico, melaso granatnega jabolka ter nekaj soli in popra. Med dodajanjem vode dobro premešajte z leseno žlico. Tahini omaka se bo zgostila in nato zrahljala, ko dodate vodo. Ne dodajajte preveč, le toliko, da dobite gosto, a gladko, tekočo konsistenco, malo podobno medu.

c) Tahiniju dodajte cvetačo in zeleno čebulo ter dobro premešajte. Okusite in prilagodite začimbe. Morda boste želeli dodati še več limoninega soka.

d) Za serviranje dajte žlico v servirno skledo in na koncu dodajte nekaj kapljic melase iz granatnega jabolka in nekaj mete.

53.tabule

SESTAVINE:
- ½ skodelice / 30 g fine pšenice bulgur
- 2 velika paradižnika, zrela, a čvrsta (10½ oz / 300 g skupaj)
- 1 šalotka, drobno sesekljana (3 žlice / 30 g skupaj)
- 3 žlice sveže iztisnjenega limoninega soka in še malo za zaključek
- 4 veliki šopki ploščatega peteršilja (5½ oz / 160 g skupaj)
- 2 šopka mete (skupaj 1 oz / 30 g)
- 2 žlički mletega pimenta
- 1 žlička začimbne mešanice baharat (kupite v trgovini ali glejte recept)
- ½ skodelice / 80 ml vrhunskega oljčnega olja
- semena približno ½ velikega granatnega jabolka (½ skodelice / 70 g skupaj), po želji
- sol in sveže mlet črni poper

NAVODILA:
a) Bulgur dajte v fino cedilo in ga pustite pod mrzlo vodo, dokler voda, ki teče skozi, ne postane čista in je odstranjena večina škroba. Prenesite v veliko skledo za mešanje.
b) Z majhnim nazobčanim nožem paradižnik narežite na rezine debeline 0,5 cm. Vsako rezino narežite na ¼-palčne / 0,5 cm trakove in nato na kocke. Dodajte paradižnike in njihove sokove v skledo, skupaj s šalotko in limoninim sokom ter dobro premešajte.
c) Vzemite nekaj vejic peteršilja in jih tesno zložite skupaj. Z velikim, zelo ostrim nožem odrežite večino stebel in jih zavrzite. Zdaj uporabite nož, da se pomaknete navzgor po steblih in listih, tako da postopoma "napajate" nož, da boste peteršilj nasekljali čim bolj drobno, in se poskušajte izogniti rezanju kosov, širših od 1/16 palca / 1 mm. Dodajte v skledo.
d) Poberite metine liste s stebel, jih nekaj tesno zložite skupaj in jih drobno nasekljajte, kot ste naredili peteršilj; ne sekljajte jih preveč, ker se radi razbarvajo. Dodajte v skledo.
e) Na koncu dodajte piment, baharat , olivno olje, granatno jabolko, če ga uporabljate, ter nekaj soli in popra. Okusite in po želji dodajte še sol in poper, lahko tudi malo limoninega soka, ter postrezite.

54.Sabih

SESTAVINE:
- 2 velika jajčevca (skupaj približno 1⅔ lb / 750 g)
- približno 1¼ skodelice / 300 ml sončničnega olja
- 4 rezine kakovostnega belega kruha, popečene ali sveže in vlažne mini pite
- 1 skodelica / 240 ml Tahini omake
- 4 velika jajca proste reje, trdo kuhana, olupljena in narezana na ⅜-palčne / 1 cm debele rezine ali na četrtine
- približno 4 žlice Zhoug
- amba ali slana mangova kisla kumarica (neobvezno)
- sol in sveže mlet črni poper

NASEKANA SOLATA
- 2 srednje zrela paradižnika, narezana na ⅜-palčne / 1 cm velike kocke (približno 1 skodelica / 200 g skupaj)
- 2 mini kumari, narezani na ⅜-palčne / 1 cm velike kocke (približno 1 skodelica / 120 g skupaj)
- 2 zeleni čebuli, narezani na tanke rezine
- 1½ žlice sesekljanega ploščatega peteršilja
- 2 žlički sveže iztisnjenega limoninega soka
- 1½ žlice oljčnega olja

NAVODILA:

a) Z lupilcem za zelenjavo olupite trakove lupine jajčevcev od vrha do dna, tako da bodo jajčevci imeli izmenično črne lupine in belo meso, podobno zebrasti . Oba jajčevca po širini narežite na rezine debeline 2,5 cm. Z obeh strani jih potresemo s soljo, nato jih razporedimo po pekaču in pustimo stati vsaj 30 minut, da izločijo nekaj vode. Za brisanje uporabite papirnate brisače.

b) V široki ponvi segrejte sončnično olje. Rezine jajčevca v serijah previdno – ko se izcedi olje – pražite rezine jajčevca, dokler ne postanejo lepe in temne, ter jih enkrat obrnite, skupaj 6 do 8 minut . Med kuhanjem obrokov po potrebi dodajte olje. Ko so končani, morajo biti koščki jajčevcev v sredini povsem mehki. Odstranite iz ponve in odcedite na papirnatih brisačah.

c) Sesekljano solato naredite tako, da vse sestavine zmešate in po okusu začinite s soljo in poprom.

d) Tik pred serviranjem na vsak krožnik položite 1 rezino kruha ali pite. Na vsako rezino z žlico nanesite 1 žlico tahinijeve omake, nato pa po vrhu razporedite rezine jajčevcev, tako da se prekrivajo. Pokapajte še malo tahinija, vendar ne da bi v celoti prekrili rezine jajčevca. Vsako jajčno rezino začinimo s soljo in poprom ter razporedimo po jajčevcu. Na vrh pokapajte še nekaj tahinija in z žlico prelijte toliko zhouga , kot želite; pazi, vroče je! Po želji prelijte tudi mangovo kumarico. Zraven postrezite zelenjavno solato, po želji jo po žlički dodajte na vsako porcijo.

JUHE

55. Bissara (Fava fižolova juha)

SESTAVINE:
- 2 skodelici posušenega fava fižola, namočenega čez noč
- 1 čebula, drobno sesekljana
- 3 stroki česna, sesekljani
- 1/4 skodelice olivnega olja
- 1 čajna žlička kumine
- Sol in poper po okusu
- Limonine rezine za serviranje

NAVODILA:
a) Namočen fižol odcedimo in splaknemo.
b) V velikem loncu na oljčnem olju prepražimo sesekljano čebulo in sesekljan česen, da zlato porumenita.
c) Dodajte fava fižol v lonec in pokrijte z vodo.
d) Zavremo, nato zmanjšamo ogenj in pustimo vreti, dokler se fižol ne zmehča (približno 1-2 uri).
e) Uporabite mešalnik ali potopni mešalnik, da juho pretlačite do gladkega.
f) Dodamo kumino, sol in poper po okusu. Po potrebi prilagodite konsistenco z vodo.
g) Postrezite vroče s pokapljanjem oljčnega olja in rezinami limone.

56.Shorbat Adas (juha iz leče)

SESTAVINE:
- 1 skodelica oprane rdeče leče
- 1 velika čebula, drobno sesekljana
- 2 korenčka, narezana na kocke
- 2 stroka česna, nasekljana
- 1 čajna žlička mlete kumine
- 1 čajna žlička mletega koriandra
- 6 skodelic zelenjavne ali piščančje juhe
- Olivno olje
- Sol in poper po okusu
- Limonine rezine za serviranje

NAVODILA:
a) V loncu na oljčnem olju prepražimo čebulo in česen, dokler se ne zmehčata.
b) Dodamo lečo, korenje, kumino, koriander, sol in poper. Mešajte, da se združi.
c) Zalijemo z juho in zavremo. Zmanjšajte ogenj in dušite, dokler se leča ne zmehča.
d) Če želite, da je juha bolj gladka, zmešajte. Postrezite s stiskanjem limone.

57.Shorbat Freekeh (Freekeh juha)

SESTAVINE:
- 1 skodelica freekeh , oplaknjena
- 1 lb jagnjetine ali piščanca, narezanega na kocke
- 1 čebula, drobno sesekljana
- 2 korenčka, narezana na kocke
- 2 žlici olivnega olja
- 6 skodelic vode ali juhe
- Sol in poper po okusu
- Svež peteršilj za okras

NAVODILA:
a) V loncu na oljčnem olju prepražimo čebulo, da postekleni. Dodamo meso in porjavimo.
b) Dodamo freekeh , korenje, sol in poper. Dobro premešamo.
c) Zalijemo z vodo ali juho in zavremo. Zmanjšajte ogenj in kuhajte, dokler freekeh ni kuhan.
d) Pred serviranjem okrasite s svežim peteršiljem.

58. Shorbat Khodar (zelenjavna juha)

SESTAVINE:
- 1 bučka, narezana na kocke
- 2 korenčka, narezana na kocke
- 1 krompir, narezan na kocke
- 1 čebula, drobno sesekljana
- 2 paradižnika, sesekljana
- 2 žlici olivnega olja
- 6 skodelic zelenjavne juhe
- 1/2 skodelice vermicelli ali majhne testenine
- Sol in poper po okusu
- Sveža meta za okras

NAVODILA:
a) V loncu na oljčnem olju prepražimo čebulo, dokler se ne zmehča. Dodajte bučke, korenje in krompir.
b) Vmešajte paradižnik, juho, sol in poper. Zavremo.
c) Dodajte vermicelli in kuhajte, dokler se zelenjava in testenine ne zmehčajo.
d) Pred serviranjem okrasite s svežo meto.

59. Bee t Kubbeh (kubbeh juha)

SESTAVINE:
ZA KUBBEH:
- 1 velika rumena čebula, zelo drobno sesekljana
- ¾ funta mlete govedine
- 1 čajna žlička košer soli
- ½ čajne žličke sveže mletega črnega popra, plus več po okusu
- 1 čajna žlička baharata
- ¼ skodelice sesekljanih listov zelene (neobvezno)
- 3 skodelice drobne zdrobove moke
- 1 ½ skodelice vode, razdeljeno
- 1 žlica repičnega olja

ZA JUHO:
- 1 žlica repičnega olja
- 1 velika rumena čebula, drobno sesekljana
- 3 velike pese, olupljene in narezane na 1/2-palčne kose
- 3 litre vode
- 1 žlica granuliranega sladkorja
- 4 čajne žličke košer soli
- Sveže mleti črni poper
- 3 žlice svežega limoninega soka, razdelite
- Sesekljani listi zelene (neobvezno)

NAVODILA:

a) Pripravite kubbeh nadev: 1 sesekljano čebulo položite na čisto kuhinjsko krpo. Delajte nad umivalnikom ali skledo, iztisnite in zavrzite čim več tekočine. Čebulo položite v veliko skledo. Dodajte goveje meso v veliko skledo skupaj s soljo, poprom, baharatom in sesekljanimi listi zelene, če jih uporabljate. Mešajte z rokami, dokler se ne združi, nato pokrijte skledo in postavite v hladilnik za 30 minut.

b) Pripravite polpete kubbeh: v srednji skledi zmešajte 3 skodelice zdrobove moke, 1 skodelico vode, 1 čajno žličko soli in 1 žlico olja, dokler ne postane gladka. Mešanico v skledi gnetite, da se poveže, dokler ne nastane vlažno, a ne lepljivo testo. Če se testo zdi lepljivo, vmešajte dodatno zdrobovo moko, po 1 čajno žličko naenkrat. Če se testo zdi suho, dodajte dodatno vodo, 1 čajno žličko naenkrat.

c) Testo razrežemo na dva dela in enega pokrijemo. Drugi kos testa razvaljajte na delovni površini, rahlo potreseni z zdrobovo moko, ali med 2 kosoma voščenega papirja, dokler ni debel ⅛ palca. Izrežite približno 2 ½-palčne kroge in odrezane kose položite na kos voščenega papirja. Ponovno razvaljajte ostanke in nadaljujte z rezanjem krogov, dokler ne porabite testa. Izrezane kroge lahko zložite med plasti voščenega papirja.

d) Pekač za 1 do 2 lista obložite s pergamentnim papirjem. Odstranite kubbeh nadev iz hladilnika. Po potrebi si zmočite roke, da preprečite prijemanje zmesi, odščipnite majhen košček nadeva kubbeh in ga nežno zvaljajte v 1" veliko kroglico. Postavite kroglico kubbeh nadeva na sredino razvaljanega kroga testa in stisnite, da zaprete konce. Kroglico v rokah nežno razvaljajte v kroglico, da zagotovite, da se meso zapre v testo. Postavite na pripravljen pekač. Ponavljajte valjanje, polnjenje in oblikovanje, dokler ne porabite preostalega nadeva kubbeh in testa . Če nameravate kuhati te kubbeh v 12 urah, jih postavite v hladilnik; če čakate dlje, zamrznite kubbeh na ponvi, dokler ni strjen, približno 2 uri, nato ga prenesite v nepredušno posodo in zamrznite, dokler ni pripravljen za kuhanje.

e) Ponavljajte korake od 2 do 4, dokler ne porabite vsega testa in mešanice govejega mesa.

f) Pripravite juho: V velikem loncu na srednjem ognju segrejte 1 žlico olja. Pražite 1 sesekljano čebulo, dokler ne postekleni, približno 4 minute. Dodajte peso in pražite , dokler se ne zmehča, približno 7 do 8 minut. Dodajte vodo, polovico limoninega soka, sladkor, sol, poper in liste zelene, če jih uporabljate, ter mešanico zavrite. Nežno spustite kubbeh v juho, zmanjšajte ogenj na nizko in lonec pokrijte. Kuhajte, dokler kubbeh in pesa nista kuhana, približno 50 minut.

g) Juho po okusu dodatno začinite s soljo in poprom. Dodajte preostali limonin sok in juho takoj postrezite z nekaj kubbeh na porcijo.

60. Šorbat Khodar (zelenjavna juha)

SESTAVINE:
- 1 čebula, sesekljana
- 2 korenčka, narezana na kocke
- 2 bučki, narezani na kocke
- 1 krompir, narezan na kocke
- 1/2 skodelice zelenega fižola, sesekljanega
- 1/4 skodelice leče
- 1 čajna žlička mlete kumine
- 1 čajna žlička mletega koriandra
- 6 skodelic zelenjavne juhe
- Svež peteršilj, sesekljan (za okras)
- Olivno olje za pokapanje
- Sol in poper po okusu

NAVODILA:
a) V loncu prepražimo čebulo, da postekleni.
b) Dodajte korenje, bučke, krompir, stročji fižol, lečo, kumino in koriander. Dobro premešamo.
c) Prilijemo zelenjavno juho in zavremo. Zmanjšajte ogenj in dušite, dokler se zelenjava ne zmehča.
d) Začinimo s soljo in poprom. Pred serviranjem okrasite s svežim peteršiljem in pokapajte z olivnim oljem.

61.Zelenjavna šurba

SESTAVINE:
- 2 žlici rastlinskega olja
- 1 čebula, drobno sesekljana
- 2 korenčka, olupljena in narezana na kocke
- 2 krompirja, olupljena in narezana na kocke
- 1 bučka, narezana na kocke
- 1 skodelica zelenega fižola, sesekljan
- 2 paradižnika, narezana na kocke
- 3 stroki česna, sesekljani
- 1 čajna žlička mlete kumine
- 1 čajna žlička mletega koriandra
- 1 čajna žlička mlete kurkume
- Sol in poper po okusu
- 6 skodelic zelenjavne juhe
- 1/2 skodelice vermicelli ali majhne testenine
- Svež peteršilj za okras

NAVODILA:
a) V velikem loncu na srednjem ognju segrejte rastlinsko olje. Dodamo sesekljano čebulo in sesekljan česen, pražimo, dokler se ne zmehčata.
b) V lonec dodamo na kocke narezano korenje, krompir, bučke, stročji fižol in paradižnik. Med občasnim mešanjem kuhamo približno 5 minut.
c) Po zelenjavi potresemo mleto kumino, koriander, kurkumo, sol in poper. Dobro premešamo, da se zelenjava prekrije z začimbami.
d) Prilijemo zelenjavno juho in mešanico zavremo. Ko zavre, zmanjšajte ogenj in pustite kuhati približno 15-20 minut oziroma dokler se zelenjava ne zmehča.
e) V lonec dodajte vermicelli ali majhne testenine in kuhajte po navodilih na embalaži, dokler niso al dente.
f) Po potrebi prilagodite začimbe in pustite, da juha vre še dodatnih 5 minut, da se okusi prepojijo.
g) Postrezite vroče, okrašeno s svežim peteršiljem.

62.iz vodne kreše in čičerike z rožno vodo

SESTAVINE:
- 2 srednje velika korenčka (9 oz / 250 g skupaj), narezana na ¾-palčne / 2 cm velike kocke
- 3 žlice olivnega olja
- 2½ žličke ras el hanout
- ½ žličke mletega cimeta
- 1½ skodelice / 240 g kuhane čičerike, sveže ali konzervirane
- 1 srednja čebula, narezana na tanke rezine
- 2½ žlice / 15 g olupljenega in drobno sesekljanega svežega ingverja
- 2½ skodelice / 600 ml zelenjavne juhe
- 200 g vodne kreše
- 3½ oz / 100 g listov špinače
- 2 žlički najfinejšega sladkorja
- 1 žlička rožne vode
- sol
- Grški jogurt, za postrežbo (neobvezno)
- Pečico segrejte na 425°F / 220°C.

NAVODILA

a) Korenje zmešajte z 1 žlico olivnega olja, ras el hanout, cimetom in velikodušnim ščepcem soli ter ga plosko razporedite v pekač, obložen s pergamentnim papirjem. Postavimo v pečico za 15 minut, nato dodamo polovico čičerike, dobro premešamo in kuhamo še 10 minut, da se korenček zmehča, a še vedno zagrize.

b) Medtem dajte čebulo in ingver v veliko ponev. Na preostalem olivnem olju pražimo približno 10 minut na zmernem ognju, dokler se čebula popolnoma ne zmehča in zlato porumeni. Dodajte preostalo čičeriko, osnovo, vodno krešo, špinačo, sladkor in ¾ žličke soli, dobro premešajte in zavrite. Kuhajte minuto ali dve, samo toliko, da listi ovenijo.

c) S kuhalnico ali mešalnikom juho pretlačite do gladkega. Dodajte rožno vodo, premešajte, poskusite in dodajte več soli ali rožne vode, če želite. Odstavite, dokler korenček in čičerika nista pripravljena, nato pa ponovno segrejte za serviranje.

d) Če želite postreči, juho razdelite v štiri sklede in prelijte z vročim korenčkom in čičeriko ter, če želite, približno 2 žlički jogurta na porcijo.

63. Vroč jogurt in ječmenova juha

SESTAVINE:

- 6¾ skodelice / 1,6 litra vode
- 1 skodelica / 200 g bisernega ječmena
- 2 srednji čebuli, drobno sesekljani
- 1½ žličke posušene mete
- 4 žlice / 60 g nesoljenega masla
- 2 veliki jajci, pretepeni
- 2 skodelici / 400 g grškega jogurta
- ⅔ oz / 20 g sveže mete, sesekljane
- ⅓ oz / 10 g ploščatega peteršilja, sesekljan
- 3 zelene čebule, narezane na tanke rezine
- sol in sveže mlet črni poper

NAVODILA

a) V veliki ponvi zavrite vodo z ječmenom, dodajte 1 čajno žličko soli in kuhajte, dokler ječmen ni kuhan, vendar še vedno al dente, 15 do 20 minut. Odstranite z ognja. Ko je juha kuhana, boste potrebovali 4¾ skodelice / 1,1 litra tekočine za kuhanje; dolijte vodo, če vam je zaradi izhlapevanja ostane manj.

b) Medtem ko se ječmen kuha, na srednjem ognju na maslu prepražimo čebulo in posušeno meto, dokler se ne zmehčata, približno 15 minut. To dodamo kuhanemu ječmenu.

c) V veliki toplotno odporni skledi stepemo jajca in jogurt. Počasi vmešajte nekaj ječmena in vode, eno zajemalko naenkrat, dokler se jogurt ne segreje. To bo utrdilo jogurt in jajca ter preprečilo, da bi se razcepila, ko jih dodate vroči tekočini.

d) Dodajte jogurt v lonec za juho in vrnite na srednji ogenj, nenehno mešajte, dokler juha zelo rahlo ne zavre. Odstavite z ognja, dodajte sesekljana zelišča in zeleno čebulo ter preverite začimbe.

e) Postrezite toplo.

64. Pistacijeva juha

SESTAVINE:
- 2 žlici vrele vode
- ¼ žličke žafranove niti
- 1⅔ skodelice / 200 g oluščenih nesoljenih pistacij
- 2 žlici / 30 g nesoljenega masla
- 4 šalotke, drobno sesekljane (3½ oz / 100 g skupaj)
- 25 g ingverja, olupljenega in drobno narezanega
- 1 por, drobno narezan (1¼ skodelice / 150 g skupaj)
- 2 žlički mlete kumine
- 3 skodelice / 700 ml zelenjavne osnove
- ⅓ skodelice / 80 ml sveže iztisnjenega pomarančnega soka
- 1 žlica sveže iztisnjenega limoninega soka
- sol in sveže mlet črni poper
- kislo smetano, za serviranje

NAVODILA:

a) Pečico segrejte na 350°F / 180°C. Žafranove nitke v majhni skodelici prelijemo z vrelo vodo in pustimo stati 30 minut.

b) Pistacijam odstranimo lupine tako, da oreščke blanširamo v vreli vodi 1 minuto, odcedimo in še vročim odstranimo lupine tako, da oreščke pritisnemo med prsti. Vse lupine se ne bodo odstranile tako kot pri mandljih – to je v redu, saj ne bo vplivalo na juho – vendar se boste znebili nekaj lupine in izboljšali barvo, zaradi česar bo svetlejša zelena. Pistacije razporedite po pekaču in jih pecite v pečici 8 minut. Odstranite in pustite, da se ohladi.

c) V veliki kozici segrejte maslo in dodajte šalotko, ingver, por, kumino, ½ čajne žličke soli in nekaj črnega popra. Na srednjem ognju med pogostim mešanjem dušimo 10 minut, dokler se šalotka popolnoma ne zmehča. Dodamo osnovo in polovico žafranove tekočine. Ponev pokrijemo, zmanjšamo ogenj in pustimo juho vreti 20 minut.

d) Vse razen 1 žlice pistacij dajte v veliko skledo skupaj s polovico juhe. Z ročnim mešalnikom stepite do gladkega in ga nato vrnite v ponev. Dodajte pomarančni in limonin sok, ponovno segrejte in okusite, da prilagodite začimbe.

e) Za serviranje grobo nasekljajte prihranjene pistacije. Vročo juho preložimo v sklede in prelijemo z žlico kisle smetane. Potresemo s pistacijami in pokapljamo s preostalo žafranovo tekočino.

65. Zažgani jajčevci in juha Mograbieh

SESTAVINE:

- 5 majhnih jajčevcev (skupaj približno 2½ lb / 1,2 kg)
- sončnično olje, za cvrtje
- 1 čebula, narezana (približno 1 skodelica / 125 g skupaj)
- 1 žlica kuminovih semen, sveže mletih
- 1½ žličke paradižnikove paste
- 2 velika paradižnika (12 oz / 350 g skupaj), olupljena in narezana na kocke
- 1½ skodelice / 350 ml zelenjavne juhe
- 1⅔ skodelice / 400 ml vode
- 4 stroki česna, zdrobljeni
- 2½ žličke sladkorja
- 2 žlici sveže iztisnjenega limoninega soka
- ⅓ skodelice/100 g mograbieh ali alternativa, kot je maftoul , fregola ali orjaški kuskus (glejte poglavje o kuskusu)
- 2 žlici nastrgane bazilike ali 1 žlica sesekljanega kopra, po želji
- sol in sveže mlet črni poper

NAVODILA:
a) Začnite tako, da zažgete tri jajčevce. To storite tako, da sledite navodilom za Pečene jajčevce s česnom, limono in semeni granatnega jabolka .
b) Preostale jajčevce narežite na ⅔-palčne / 1,5 cm velike kocke. V veliki ponvi na srednje močnem ognju segrejte približno ⅔ skodelice / 150 ml olja. Ko se segreje, dodamo kocke jajčevca. Med pogostim mešanjem pražimo 10 do 15 minut, dokler ni popolnoma obarvano; po potrebi dodajte še malo olja, da bo v ponvi vedno nekaj olja. Jajčevce odstranimo, damo v cedilo, da se odcedijo, in potresemo s soljo.
c) Prepričajte se, da vam je v ponvi ostala približno 1 žlica olja, nato dodajte čebulo in kumino ter med pogostim mešanjem pražite približno 7 minut. Dodajte paradižnikovo pasto in kuhajte še eno minuto, nato pa dodajte paradižnik, osnovo, vodo, česen, sladkor, limonin sok, 1½ čajne žličke soli in nekaj črnega popra. Na tihem vrenju pustite 15 minut.
d) Medtem zavrite majhno ponev s slano vodo in dodajte mograbieh ali alternativo. Kuhajte do stanja al dente; to se razlikuje glede na znamko, vendar naj bi trajalo od 15 do 18 minut (preverite paket). Odcedite in osvežite pod hladno vodo.
e) Zažgano meso jajčevcev prenesite v juho in z ročnim mešalnikom premešajte v gladko tekočino. Dodamo mograbie in ocvrte jajčevce, nekaj pustimo za okras na koncu, in dušimo še 2 minuti. Okusite in prilagodite začimbe. Postrezite vroče, z rezervirano mograbieh in ocvrtimi jajčevci na vrhu ter okrašeno z baziliko ali koprom, če želite.

66. Paradižnikova in kisla juha

SESTAVINE:
- 2 žlici olivnega olja, plus dodatek za zaključek
- 1 velika čebula, sesekljana (1⅔ skodelice / 250 g skupaj)
- 1 žlička kuminovih semen
- 2 stroka česna, zdrobljena
- 3 skodelice / 750 ml zelenjavne juhe
- 4 veliki zreli paradižniki, narezani (4 skodelice / 650 g skupaj)
- ena 400-g pločevinka narezanih italijanskih paradižnikov
- 1 žlica najfinejšega sladkorja
- 1 rezina kruha iz kislega testa (1½ oz / 40 g skupaj)
- 2 žlici sesekljanega cilantra, plus dodatek za zaključek
- sol in sveže mlet črni poper

NAVODILA:
a) V srednji ponvi segrejte olje in dodajte čebulo. Med pogostim mešanjem pražimo približno 5 minut, dokler čebula ne postekleni. Dodamo kumino in česen ter pražimo 2 minuti. Prilijemo osnovo, obe vrsti paradižnika, sladkor, 1 čajno žličko soli in dobro mlet črni poper.
b) Juho zavremo in kuhamo 20 minut, na polovici kuhanja dodamo na kose narezan kruh.
c) Nazadnje dodajte koriander in nato z mešalnikom v nekaj gibih pretlačite, da se paradižnik razgradi, vendar je še vedno nekoliko grob in krhek. Juha mora biti precej gosta; dodajte malo vode, če je na tej točki pregosto. Postrezite, pokapano z oljem in potreseno s svežim cilantrom.

SOLATE

67. Solata iz paradižnika in kumar

SESTAVINE:
- 4 paradižniki, narezani na kocke
- 2 kumari, narezani na kocke
- 1 rdeča čebula, drobno sesekljana
- 1 zelen čili, drobno narezan
- Svež koriander, sesekljan
- Sok 2 limon
- Sol in poper po okusu

NAVODILA:
a) V skledi zmešajte paradižnik, kumare, rdečo čebulo, zeleni čili in koriander.
b) Dodamo limonin sok, sol in poper. Premešajte, da združite.
c) Pred serviranjem eno uro hladite v hladilniku.

68.Čičerikina solata (Salatat Hummus)

SESTAVINE:
- 2 skodelici kuhane čičerike
- 1 kumara, narezana na kocke
- 1 paradižnik, narezan na kocke
- 1/2 rdeče čebule, drobno sesekljane
- 1/4 skodelice sesekljane sveže mete
- 1/4 skodelice sesekljanega svežega peteršilja
- Sok 1 limone
- 2 žlici olivnega olja
- Sol in poper po okusu

NAVODILA:
a) V skledi zmešajte čičeriko, kumare, paradižnik, rdečo čebulo, meto in peteršilj.
b) Pokapljamo z limoninim sokom in oljčnim oljem.
c) Začinimo s soljo in poprom.
d) Solato dobro premešamo in postrežemo ohlajeno.

69.Tabuleh solata

SESTAVINE:
- 1 skodelica bulgur pšenice, namočene v vroči vodi 1 uro
- 2 skodelici svežega peteršilja, drobno sesekljanega
- 1 skodelica svežih listov mete, drobno narezanih
- 4 paradižniki, narezani na drobne kocke
- 1 kumara, na drobno narezana
- 1/2 skodelice rdeče čebule, drobno sesekljane
- Sok 3 limon
- Olivno olje
- Sol in poper po okusu

NAVODILA:
a) Namočen bulgur odcedimo in damo v veliko skledo.
b) Dodamo sesekljan peteršilj, meto, paradižnik, kumaro in rdečo čebulo.
c) V manjši skledi zmešajte limonin sok in olivno olje. Prelijemo po solati.
d) Začinimo s soljo in poprom. Dobro premešajte in ohladite vsaj 30 minut, preden postrežete.

70. Fattoush solata

SESTAVINE:
- 2 skodelici mešane zelene solate (zelena solata, rukola, radič)
- 1 kumara, narezana na kocke
- 2 paradižnika, narezana na kocke
- 1 rdeča paprika, sesekljana
- 1/2 skodelice redkev, narezanih
- 1/4 skodelice svežih listov mete, sesekljanih
- 1/4 skodelice svežega peteršilja, sesekljanega
- 1/4 skodelice olivnega olja
- Sok 1 limone
- 1 čajna žlička sumaka
- Sol in poper po okusu
- Pita kruh, popečen in nalomljen na koščke

NAVODILA:
a) V veliki skledi zmešajte zeleno solato, kumare, paradižnik, papriko, redkev, meto in peteršilj.
b) V majhni skledi zmešajte oljčno olje, limonin sok, ruj, sol in poper.
c) Preliv prelijemo čez solato in premešamo.
d) Pred serviranjem obložite popečene kose pita kruha.

71. Solata iz cvetače, fižola in riža

SESTAVINE:
ZA SOLATO:
- 1 skodelica kuhanega basmati riža, ohlajenega
- 1 manjša glavica cvetače, narezana na cvetove
- 1 pločevinka (15 oz) fižola, odcejenega in opranega
- 1/2 skodelice sesekljanega svežega peteršilja
- 1/4 skodelice sesekljanih listov sveže mete
- 1/4 skodelice narezane zelene čebule

ZA PRELIV:
- 3 žlice oljčnega olja
- 2 žlici limoninega soka
- 1 čajna žlička mlete kumine
- 1 čajna žlička mletega koriandra
- Sol in poper po okusu

NAVODILA:
a) Pečico segrejte na 400°F (200°C).
b) Cvetače potresemo z malo olivnega olja, soli in popra.
c) Razporedite jih po pekaču in pecite približno 20-25 minut ali dokler niso zlato rjave in mehke. Pustite, da se ohladi.
d) Skuhajte basmati riž po navodilih na embalaži. Ko je kuhan, naj se ohladi na sobno temperaturo.
e) V majhni skledi zmešajte olivno olje, limonin sok, mleto kumino, mleti koriander, sol in poper. Začimbe prilagodite svojemu okusu.
f) V veliki skledi za solato zmešajte ohlajen riž, pečeno cvetačo, fižol v zrnju, sesekljan peteršilj, sesekljano meto in narezano zeleno čebulo.
g) Preliv prelijemo čez sestavine solate in nežno premešamo, dokler ni vse dobro prekrito.
h) Pred serviranjem solato ohladite vsaj 30 minut, da se okusi prepojijo.
i) Postrezite ohlajeno in po želji okrasite s svežimi zelišči.

72.Solata z datlji in orehi

SESTAVINE:
- 1 skodelica mešane zelene solate
- 1 skodelica datljev, izkoščičenih in narezanih
- 1/2 skodelice sesekljanih orehov
- 1/4 skodelice feta sira, zdrobljenega
- Balzamični vinaigrette preliv

NAVODILA:
a) Zeleno solato razporedimo po servirnem krožniku.
b) Po zelenju potresemo sesekljane datlje, orehe in nadrobljen feta sir.
c) Prelijemo z balzamičnim vinaigrette prelivom.
d) Pred serviranjem nežno premešajte.

73. Korenčkova in pomarančna solata

SESTAVINE:
- 4 skodelice naribanega korenja
- 2 pomaranči, olupljeni in narezani na koščke
- 1/4 skodelice rozin
- 1/4 skodelice sesekljanih pistacij
- Pomarančni vinaigrette preliv

NAVODILA:
a) V veliki skledi zmešajte narezano korenje, pomarančne koščke, rozine in pistacije.
b) Prelijemo s pomarančnim vinaigrette prelivom.
c) Dobro premešajte in ohladite vsaj 30 minut, preden postrežete.

SLADICA

74.Knafeh

SESTAVINE:
- 1 lb kataifi testo (nastrgano filo testo)
- 1 skodelica nesoljenega masla, stopljenega
- 2 skodelici sira akkawi , naribanega (ali mocarele)
- 1 skodelica preprostega sirupa (sladkor in voda)
- Zdrobljene pistacije za okras

NAVODILA:
a) za kataifi prelijemo s stopljenim maslom in polovico vtisnemo v pekač.
b) Po testu potresemo nariban sir.
c) Pokrijte s preostalim kataifi testom in pecite do zlate barve.
d) Vroč knafeh prelijemo s preprostim sirupom in okrasimo z zdrobljenimi pistacijami.

75. Atayef

SESTAVINE:
- 2 skodelici večnamenske moke
- 1 žlica sladkorja
- 1 čajna žlička pecilnega praška
- 1 skodelica vode
- 1 skodelica sladkega sira ali oreščkov (za nadev)
- Preprost sirup za prelivanje

NAVODILA:
a) Zmešajte moko, sladkor, pecilni prašek in vodo, da dobite testo.
b) Na vročo rešetko vlijemo majhne kroge testa, da naredimo mini palačinke.
c) Na sredino vsake palačinke položite žlico sladkega sira ali oreščkov.
d) Palačinko prepognemo na polovico, zapremo robove in jo zlato ocvremo.
e) Pred serviranjem pokapljajte s preprostim sirupom.

76.Basbousa (Revani)

SESTAVINE:
- 1 skodelica zdroba
- 1 skodelica navadnega jogurta
- 1 skodelica posušenega kokosa
- 1 skodelica sladkorja
- 1/2 skodelice nesoljenega masla, stopljenega
- 1 čajna žlička pecilnega praška
- 1/4 skodelice blanširanih mandljev (za okras)
- Preprost sirup

NAVODILA:
a) V skledi zmešamo zdrob, jogurt, kokos, sladkor, stopljeno maslo in pecilni prašek.
b) Maso vlijemo v pomaščen pekač in po vrhu pogladimo.
c) Pečemo do zlato rjave barve. Še vroče narežemo na diamantne ali kvadratne oblike.
d) Okrasite z blanširanimi mandlji in toplo basbuso prelijte s preprostim sirupom.

77. Tamriyeh (piškotki, polnjeni z datumi)

SESTAVINE:
- 2 skodelici večnamenske moke
- 1 skodelica nesoljenega masla, zmehčanega
- 1 skodelica datljev, izkoščičenih in narezanih
- 1/2 skodelice sesekljanih orehov
- 1/4 skodelice sladkorja
- 1 čajna žlička mletega cimeta
- Sladkor v prahu za posipanje

NAVODILA:
a) V skledi zmešamo moko in zmehčano maslo, da naredimo testo.
b) V posebni skledi zmešamo datlje, orehe, sladkor in cimet za nadev.
c) Vzemite majhne dele testa, sploščite in na sredino položite žlico datljeve zmesi.
d) Testo prepognemo čez nadev, zalepimo robove in oblikujemo polmesec.
e) Pečemo do zlate barve, nato pa pred serviranjem posujemo s sladkorjem v prahu.

78.Qatayef

SESTAVINE:
- 2 skodelici večnamenske moke
- 1 čajna žlička pecilnega praška
- 1 žlica sladkorja
- 1 1/2 skodelice vode
- 1 skodelica sladkega sira ali oreščkov (za nadev)
- Preprost sirup za prelivanje
- Zdrobljene pistacije za okras

NAVODILA:
a) Zmešajte moko, pecilni prašek, sladkor in vodo, da dobite testo.
b) Na segreto rešetko vlijemo majhne kroge testa za pripravo palačink.
c) Na sredino damo žlico sladkega sira ali oreščkov in palačinko prepognemo na pol ter robove zalepimo.
d) Pečemo do zlate barve. Prelijemo s preprostim sirupom in okrasimo z zdrobljenimi pistacijami.

79.Harisseh

SESTAVINE:
- 1 skodelica zdroba
- 1 skodelica navadnega jogurta
- 1/2 skodelice sladkorja
- 1/4 skodelice prečiščenega masla (ghee)
- 1/4 skodelice posušenega kokosa
- 1 čajna žlička pecilnega praška
- Preprost sirup za prelivanje
- Mandlji za okras

NAVODILA:
a) Zmešajte zdrob, jogurt, sladkor, prečiščeno maslo, posušen kokos in pecilni prašek.
b) Maso vlijemo v pomaščen pekač in po vrhu pogladimo.
c) Pečemo do zlato rjave barve. Še toplo narežemo na kvadrate in pokapljamo z navadnim sirupom.
d) Okrasite z mandlji.

80. Sezamovi mandljevi kvadratki

SESTAVINE:
- 1 skodelica praženih sezamovih semen
- 1 skodelica sladkorja
- 1/4 skodelice vode
- 1 skodelica blanširanih mandljev, sesekljanih
- 1 žlica rožne vode (neobvezno)

NAVODILA:
a) V ponvi prepražimo sezamovo seme do zlato rjave barve.
b) V ločeni ponvi zmešajte sladkor in vodo, da dobite sirup.
c) V sirup dodajte sezamovo seme, mandlje in rožno vodo. Dobro premešaj.
d) Zmes vlijemo v pomaščen pekač, ohladimo in narežemo na kvadratke.

81.Awameh

SESTAVINE:
- 2 skodelici večnamenske moke
- 1 žlica jogurta
- 1 čajna žlička pecilnega praška
- Voda (po potrebi)
- Rastlinsko olje za cvrtje
- Preprost sirup za vlaganje

NAVODILA:
a) Zmešajte moko, jogurt in pecilni prašek. Vodo dodajamo postopoma, da nastane gosta masa.
b) V globoki ponvi segrejte olje. Majhne porcije testa z žlico polagajte v vroče olje.
c) Pražite do zlate rjave barve, nato pa nekaj minut namočite v preprost sirup.
d) Awameh postrezite topel.

82. Rožnični piškoti (Qurabiya)

SESTAVINE:
- 2 skodelici zdroba
- 1 skodelica gheeja, stopljenega
- 1 skodelica sladkorja v prahu
- 1 čajna žlička rožne vode
- Sesekljane pistacije za okras

NAVODILA:
a) V skledi zmešamo zdrob, stopljeni ghee, sladkor v prahu in rožno vodo, da oblikujemo testo.
b) Testo oblikujte v majhne piškote.
c) Piškote položite na pekač.
d) Pečemo v predhodno ogreti pečici na 350°F (175°C) približno 15-20 minut ali dokler ne zlato porjavijo.
e) Okrasite s sesekljanimi pistacijami in pustite, da se ohladijo, preden jih postrežete.

83.Torta z bananami in datlji

SESTAVINE:
- 1 list pripravljenega listnatega testa
- 3 zrele banane, narezane na rezine
- 1 skodelica datljev, izkoščičenih in narezanih
- 1/2 skodelice medu
- Sesekljani orehi za okras

NAVODILA:
a) Listnato testo razvaljamo in položimo v pekač za tart.
b) Na pecivo razporedimo narezane banane in sesekljane datlje.
c) Sadje pokapljajte z medom.
d) Pecite v predhodno ogreti pečici na 375°F (190°C) približno 20-25 minut ali dokler pecivo ne zlato porumeni.
e) Pred serviranjem okrasite s sesekljanimi orehi.

84. Žafranov sladoled

SESTAVINE:
- 2 skodelici težke smetane
- 1 skodelica kondenziranega mleka
- 1/2 skodelice sladkorja
- 1 čajna žlička žafranove niti, namočene v topli vodi
- Sesekljane pistacije za okras

NAVODILA:
a) V skledi stepite smetano, dokler ne nastanejo čvrsti vrhovi.
b) V ločeni skledi zmešajte kondenzirano mleko, sladkor in vodo z žafranom.
c) Mešanico kondenziranega mleka nežno vmešajte v stepeno smetano.
d) Mešanico prenesite v posodo in zamrznite za vsaj 4 ure.
e) Pred serviranjem okrasite s sesekljanimi pistacijami.

85.Kremna karamela (Muhallabia)

SESTAVINE:
- 1/2 skodelice riževe moke
- 4 skodelice mleka
- 1 skodelica sladkorja
- 1 čajna žlička rožne vode
- 1 čajna žlička vode pomarančnih cvetov
- Sesekljane pistacije za okras

NAVODILA:
a) V ponvi raztopite riževo moko v majhni količini mleka, da nastane gladka pasta.
b) V ločenem loncu na zmernem ognju segrejemo preostalo mleko in sladkor.
c) Mlečni zmesi dodajte pasto iz riževe moke in nenehno mešajte, dokler se zmes ne zgosti.
d) Odstranite z ognja in vmešajte rožno vodo in vodo pomarančnih cvetov.
e) Zmes vlijemo v servirne posodice in pustimo, da se ohladi.
f) Ohladite, dokler se strdi.
g) Pred serviranjem okrasite s sesekljanimi pistacijami.

86. Mamoul z datlji

SESTAVINE:
ZA TESTO:
- 3 skodelice zdroba
- 1 skodelica večnamenske moke
- 1 skodelica nesoljenega masla, stopljenega
- 1/2 skodelice granuliranega sladkorja
- 1/4 skodelice rožne vode ali vode pomarančnih cvetov
- 1/4 skodelice mleka
- 1 čajna žlička pecilnega praška

ZA POLNJENJE DATUMA:
- 2 skodelici izkoščičenih datljev, narezanih
- 1/2 skodelice vode
- 1 žlica masla
- 1 čajna žlička mletega cimeta

ZA PRAŠENJE (NEOBVEZNO):
- Sladkor v prahu za posipanje

NAVODILA:
POLNJENJE DATUMOV:
a) V ponvi zmešajte sesekljane datlje, vodo, maslo in mleti cimet.
b) Na zmernem ognju ob stalnem mešanju kuhamo toliko časa, da se datlji zmehčajo in zmes zgosti v pastozno konsistenco.
c) Odstranite z ognja in pustite, da se ohladi.

MAMOUL TESTO:
d) V veliki skledi za mešanje zmešajte zdrob, večnamensko moko in pecilni prašek.
e) V mešanico moke dodamo stopljeno maslo in dobro premešamo.
f) V ločeni skledi zmešajte sladkor, rožno vodo (ali vodo pomarančnih cvetov) in mleko. Mešajte, dokler se sladkor ne raztopi.
g) Tekočo mešanico dodajte mešanici moke in gnetite, dokler ne dobite gladkega testa. Če je testo preveč drobljivo, lahko dodamo še malo stopljenega masla ali mleka.
h) Testo pokrijemo in pustimo počivati približno 30 minut do ene ure.

SESTAVLJANJE PIŠKOTOV MAMOUL:
i) Pečico segrejte na 350 °F (175 °C).
j) Vzemite majhen del testa in ga oblikujte v kroglo. Kroglo sploščite v roki in na sredino položite majhno količino datljevega nadeva.
k) Nadev obdajte s testom in ga oblikujte v gladko kroglo ali kupolo. Za dekoracijo lahko uporabite modelčke Mamoul , če jih imate.
l) Nadevane piškote polagamo na pekač obložen s peki papirjem.
m) Pečemo 15-20 minut ali dokler dno ni zlato rjavo. Vrhovi morda ne bodo veliko spremenili barve.
n) Pustite, da se piškoti nekaj minut ohladijo na pekaču, preden jih prestavite na rešetko, da se popolnoma ohladijo.

NEOBVEZNO PRAŠENJE:
o) Ko se piškoti Mamoul popolnoma ohladijo, jih lahko potresemo s sladkorjem v prahu.

87.Sirska Namora

SESTAVINE:
- 200 g masla (stopljenega)
- 225 g sladkorja
- 3 skodelice (500 g) jogurta
- 3 skodelice (600 g) zdroba (2,5 skodelice grobega zdroba in 0,5 skodelice finega zdroba)
- 3 žlice kokosa (fino posušenega)
- 2 žlički pecilnega praška
- 1 žlica rožne vode ali sladkornega sirupa pomarančnih cvetov

NAVODILA:
SLADKORNI SIRUP:
a) V ponvi zmešajte 1 skodelico sladkorja, ½ skodelice vode in 1 čajno žličko limoninega soka.
b) Mešanico kuhajte 5 do 7 minut na zmernem ognju, nato pustite, da se ohladi.

NAMORA:
c) Zmešajte stopljeno maslo in sladkor, stepajte, da se dobro povežeta.
d) Zmesi dodamo jogurt in ponovno stepamo, da se popolnoma združi.
e) Vmešajte tako grob kot fin zdrob, pecilni prašek, kokos in rožno vodo. Mešajte, dokler ne dobite gladke mase.
f) Maso vlijemo v modelčke za kolačke. Po želji kolačke okrasite z mandljevimi lističi.
g) Maso pečemo v predhodno ogreti pečici na 180 stopinj Celzija 15 do 20 minut oziroma dokler ni zlato rjava.
h) Medtem ko so kolački v pečici, pripravimo sladkorni sirup.
i) Ko so kolački pečeni, jih še tople prelijemo s sladkornim sirupom. Tako bodo vlažni in okusni.

88. Browniji iz sirskih datljev

SESTAVINE:
ZA DATLJEVO PASTO:
- 2 skodelici izkoščičenih datljev, po možnosti Medjool
- 1/2 skodelice vode
- 1 čajna žlička limoninega soka

ZA BROWNIE testo:
- 1/2 skodelice nesoljenega masla, stopljenega
- 1 skodelica granuliranega sladkorja
- 2 veliki jajci
- 1 čajna žlička vanilijevega ekstrakta
- 1/2 skodelice večnamenske moke
- 1/3 skodelice nesladkanega kakava v prahu
- 1/4 čajne žličke pecilnega praška
- 1/4 čajne žličke soli
- 1/2 skodelice sesekljanih oreščkov (orehi ali mandlji), po želji

NAVODILA:
PRILEPI DATUM:
a) V majhni kozici zmešajte izkoščičene datlje in vodo.
b) Pustite vreti na srednjem ognju in kuhajte približno 5-7 minut oziroma dokler se datlji ne zmehčajo.
c) Odstranite z ognja in pustite, da se nekoliko ohladi.
d) Zmehčane datlje prestavimo v kuhinjski robot, dodamo limonin sok in mešamo, dokler ne dobimo gladke paste. Dati na stran.

TESTO ZA BROWNIE:
e) Pečico segrejte na 350 °F (175 °C). Pekač namastimo in obložimo s peki papirjem.
f) V veliki skledi za mešanje zmešajte stopljeno maslo in sladkor, dokler se dobro ne združita.
g) Dodajte jajca eno za drugo, po vsakem dodajanju dobro stepite. Vmešajte vanilijev ekstrakt.
h) V ločeni skledi presejte moko, kakav v prahu, pecilni prašek in sol.
i) Postopoma dodajajte suhe sestavine mokrim sestavinam in mešajte, dokler se le ne povežejo.
j) Datljevo pasto in sesekljane oreščke (če jih uporabljate) vmešajte v testo za brownije, dokler se enakomerno ne porazdelijo.
k) Maso vlijemo v pripravljen pekač in jo enakomerno razporedimo.
l) Pecite v predhodno ogreti pečici 25-30 minut oziroma dokler zobotrebec, ki ga zapičite v sredino, ne priskoči ven z nekaj vlažnimi drobtinami.
m) Pustite, da se brownji popolnoma ohladijo v pekaču, preden jih narežete na kvadratke.
n) Po želji: ohlajene brownije potresemo s kakavom v prahu ali sladkorjem v prahu za okras.

89. Baklava

SESTAVINE:
- 1 paket filo testa
- 1 skodelica nesoljenega masla, stopljenega
- 2 skodelici mešanih oreščkov (orehi, pistacije), drobno sesekljanih
- 1 skodelica granuliranega sladkorja
- 1 čajna žlička mletega cimeta
- 1 skodelica medu
- 1/4 skodelice vode
- 1 čajna žlička rožne vode (neobvezno)

NAVODILA:
a) Pečico segrejte na 350°F (175°C).
b) V skledi zmešamo sesekljane oreščke s sladkorjem in cimetom.
c) List filo testa položimo v pomaščen pekač, namažemo s stopljenim maslom in ponovimo približno 10 plasti.
d) Čez filo potresemo plast mešanice oreščkov.
e) Nadaljujte z nalaganjem fila in oreščkov, dokler vam ne zmanjka sestavin, in zaključite z zgornjo plastjo fila.
f) Z ostrim nožem baklavo narežemo na rombaste ali kvadratne oblike.
g) Pečemo 45-50 minut oziroma do zlato rjave barve.
h) Medtem ko se baklava peče, v kozici na majhnem ognju segrejte med, vodo in rožno vodico (če jo uporabljate).
i) Ko je baklava pečena, jo takoj prelijemo z vročo medeno mešanico.
j) Pustite, da se baklava ohladi, preden jo postrežete.

90.Halawet el Jibn (sirski sladki sirni zvitki)

SESTAVINE:
- 1 skodelica sira ricotta
- 1 skodelica zdroba
- 1/2 skodelice sladkorja
- 1/4 skodelice nesoljenega masla
- 1 skodelica mleka
- 1 žlica vode pomarančnih cvetov
- Blanširani mandlji za okras
- Naribano filo testo za valjanje

NAVODILA:
a) V ponvi zmešajte sir ricotta, zdrob, sladkor, maslo in mleko.
b) Na zmernem ognju ob stalnem mešanju kuhamo toliko časa, da se zmes zgosti.
c) Odstranite z ognja in vmešajte vodo pomarančnih cvetov.
d) Zmes ohladimo.
e) Vzemite majhne porcije mešanice in jih zavijte v naribano filo testo in oblikujte majhne svaljke.
f) Okrasite z blanširanimi mandlji.
g) Te sladke sirove zvitke postrezite kot čudovito sladico ali poleg namaza za zajtrk.

91.Basbousa (zdrobova torta)

SESTAVINE:
- 1 skodelica zdroba
- 1 skodelica granuliranega sladkorja
- 1 skodelica navadnega jogurta
- 1/2 skodelice nesoljenega masla, stopljenega
- 1 čajna žlička pecilnega praška
- 1/4 skodelice posušenega kokosa (neobvezno)
- 1/4 skodelice blanširanih mandljev ali pinjol za okras

SIRUP:
- 1 skodelica granuliranega sladkorja
- 1/2 skodelice vode
- 1 žlica rožne vode
- 1 žlica vode pomarančnih cvetov

NAVODILA:
a) Pečico segrejte na 350°F (175°C).
b) V skledi zmešajte zdrob, sladkor, jogurt, stopljeno maslo, pecilni prašek in posušen kokos, da se dobro povežejo.
c) Maso vlijemo v pomaščen pekač.
d) Površino zgladimo z lopatko in narežemo na rombaste oblike.
e) Na sredino vsakega diamanta položite mandelj ali pinjolo.
f) Pečemo 30-35 minut oziroma do zlato rjave barve.
g) Medtem ko se torta peče, pripravimo sirup tako, da sladkor in vodo kuhamo toliko časa, da se sladkor raztopi.
h) Odstavite z ognja in dodajte rožno vodo in vodo pomarančnih cvetov.
i) Ko je kolač pečen, ga še toplega prelijemo s sirupom.
j) Pustite, da basbousa vpije sirup, preden jo postrežete.

92. Znoud El Sit (sirsko pecivo s smetano)

SESTAVINE:
- 10 listov filo testa
- 1 skodelica težke smetane
- 1/4 skodelice granuliranega sladkorja
- 1 čajna žlička rožne vode
- Rastlinsko olje za cvrtje
- Enostaven sirup (1 skodelica sladkorja, 1/2 skodelice vode, 1 čajna žlička limoninega soka, kuhajte do sirupa)

NAVODILA:
a) V skledi stepemo smetano s sladkorjem in rožno vodo, dokler ne nastanejo čvrsti vrhovi.
b) Liste filo narežite na pravokotnike (približno 4x8 palcev).
c) Na en konec vsakega pravokotnika položite žlico stepene smetane.
d) Strani zapognemo čez kremo in zvijemo kot cigaro.
e) V globoki ponvi segrejte rastlinsko olje in pecivo prepražite do zlato rjave barve.
f) Ocvrto pecivo pomakamo v pripravljen preprost sirup.
g) pustite, da se znoud el sit ohladi.

93. Mafroukeh (sladica iz zdroba in mandljev)

SESTAVINE:
- 2 skodelici zdroba
- 1 skodelica nesoljenega masla
- 1 skodelica granuliranega sladkorja
- 1 skodelica polnomastnega mleka
- 1 skodelica blanširanih mandljev, opečenih in sesekljanih
- Enostaven sirup (1 skodelica sladkorja, 1/2 skodelice vode, 1 čajna žlička vode pomarančnih cvetov, kuhano do sirupa)

NAVODILA:
a) V kozici stopimo maslo in dodamo zdrob. Nenehno mešajte, dokler ni zlato rjave barve.
b) Dodajte sladkor in nadaljujte z mešanjem, dokler se dobro ne združi.
c) Med mešanjem počasi prilivamo mleko, da ne nastanejo grudice. Kuhamo toliko časa, da se zmes zgosti.
d) Odstavimo z ognja in vmešamo popražene in sesekljane mandlje.
e) Zmes pretlačimo v servirni krožnik in pustimo, da se ohladi.
f) Mafroukeh narežemo na diamante in s pripravljenim enostavnim sirupom prelijemo .
g) Pred serviranjem pustite, da vpije sirup.

94. Galete z rdečo papriko in pečenimi jajci

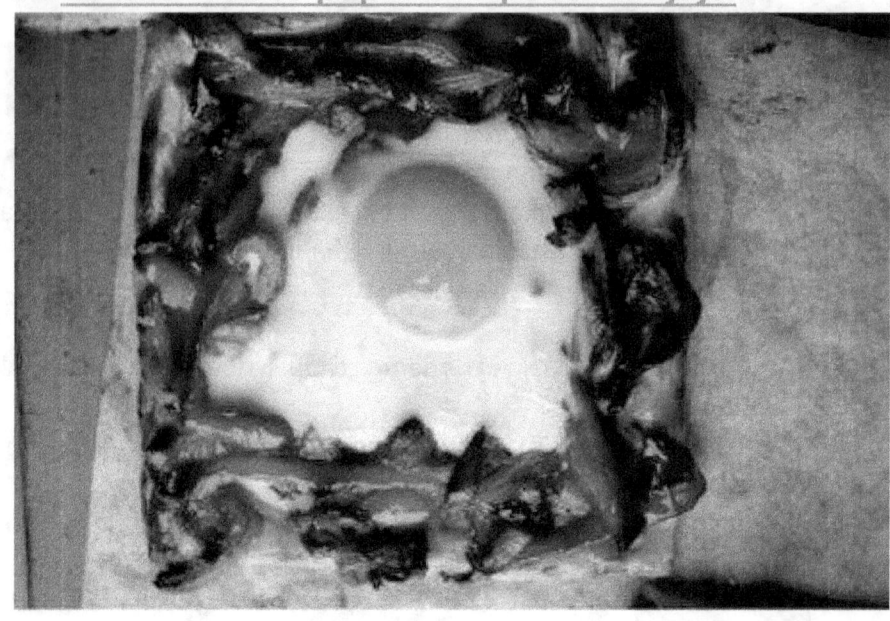

SESTAVINE:

- 4 srednje velike rdeče paprike, prepolovljene, brez semen in narezane na trakove ⅜ palca / 1 cm široke
- 3 majhne čebule, prepolovite in narežite na kolesca ¾ palca / 2 cm široka
- 4 vejice timijana, nabrane in sesekljane liste
- 1½ žličke mletega koriandra
- 1½ žličke mlete kumine
- 6 žlic oljčnega olja, plus dodatek za zaključek
- 1½ žlice ploščatih peteršiljevih listov, grobo sesekljanih
- 1½ žlice cilantrovih listov, grobo sesekljanih
- 250 g najboljšega maslenega listnatega testa
- 2 žlici / 30 g kisle smetane
- 4 velika jajca iz proste reje (ali 5½ oz / 160 g feta sira, zdrobljenega), plus 1 jajce, rahlo stepeno
- sol in sveže mlet črni poper

NAVODILA:
a) Pečico segrejte na 400°F / 210°C. V veliki skledi zmešajte papriko, čebulo, lističe timijana, mlete začimbe, olivno olje in dober ščepec soli. Razporedimo v pekač in pražimo 35 minut, med kuhanjem nekajkrat premešamo. Zelenjava mora biti mehka in sladka, vendar ne preveč hrustljava ali rjava, saj se bo še kuhala. Odstranite iz pečice in vmešajte polovico svežih zelišč. Po okusu začinite in odstavite. Pečico segrejte na 425°F / 220°C.
b) Na rahlo pomokani površini razvaljajte listnato testo v 12-palčni / 30 cm velik kvadrat približno ⅛ palca / 3 mm debel in razrežite na štiri 6-palčne / 15 cm kvadrate. Kvadrate prebodite z vilicami in jih dobro razmaknjene položite na pekač, obložen s peki papirjem. Pustite počivati v hladilniku vsaj 30 minut.
c) Pecivo vzamemo iz hladilnika in ga po vrhu in ob straneh namažemo s stepenim jajcem. Z lopatico ali hrbtno stranjo žlice razporedite 1½ čajne žličke kisle smetane na vsak kvadrat, tako da ob robovih pustite ¼-palčni/0,5 cm rob. 3 žlice poprove mešanice razporedite po kvadratih, prelitih s kislo smetano, tako da robovi ostanejo čisti, da narastejo. Razporediti ga je treba dokaj enakomerno, vendar v sredini pustimo plitvo vdolbinico, kamor bomo pozneje položili jajce.
d) Galette pečemo 14 minut. Pekač vzamemo iz pečice in v vdolbinico na sredini vsakega peciva previdno razbijemo celo jajce. Vrnite se v pečico in kuhajte še 7 minut, dokler se jajca ravno ne strdijo. Potresemo s črnim poprom in preostalimi zelišči ter pokapamo z oljem. Postrezite takoj.

95. Zeliščna pita

SESTAVINE:
- 2 žlici oljčnega olja, plus dodatek za namazanje peciva
- 1 velika čebula, narezana na kocke
- 1 lb / 500 g blitve, stebla in listi drobno narezani, vendar ločeni
- 5 oz / 150 g zelene, narezane na tanke rezine
- 50 g zelene čebule, sesekljane
- 1¾ oz / 50 g rukole
- 30 g ploščatega peteršilja, sesekljanega
- 30 g mete, sesekljane
- ¾ oz / 20 g sesekljanega kopra
- 120 g sira anari ali ricotta, zdrobljenega
- 100 g staranega sira čedar, nariban
- 60 g feta sira, zdrobljenega
- naribana lupinica 1 limone
- 2 veliki jajci proste reje
- ⅓ žličke soli
- ½ žličke sveže mletega črnega popra
- ½ žličke super finega sladkorja
- 250 g vlečenega testa

NAVODILA:

a) Pečico segrejte na 400°F / 200°C. V veliko, globoko ponev na zmernem ognju vlijemo olivno olje. Dodamo čebulo in pražimo 8 minut, ne da bi porjaveli. Dodajte stebla blitve in zeleno ter med občasnim mešanjem kuhajte še 4 minute. Dodajte liste blitve, povečajte ogenj na srednje visoko in med kuhanjem mešajte 4 minute, dokler listi ne ovenijo. Dodajte zeleno čebulo, rukolo in zelišča ter kuhajte še 2 minuti. Odstavimo z ognja in prestavimo v cedilo, da se ohladi.

b) Ko se mešanica ohladi, iztisnite čim več vode in jo prelijte v posodo za mešanje. Dodajte tri sire, limonino lupinico, jajca, sol, poper in sladkor ter dobro premešajte.

c) Položite list filo testa in ga premažite z nekaj olivnega olja. Pokrijte z drugim listom in nadaljujte na enak način, dokler ne dobite 5 plasti filo, namazanih z oljem, pri čemer vse pokrivajo površino, ki je dovolj velika, da lahko obložite stranice in dno 8½ -palčnega / 22 cm pekača za pito, plus dodatno, da visi čez rob. . Pekač za pito obložite s pecivom, napolnite z zeliščno mešanico in prepognite odvečno pecivo čez rob nadeva ter po potrebi obrežite pecivo, da ustvarite ¾-palčni/2 cm rob.

d) Naredite še en niz 5 filo plasti, namazanih z oljem, in jih položite na pito. Pecivo malo zmečkajte, da ustvarite valovit, neraven vrh, in obrežite robove, tako da le pokrije pito. Premažite z olivnim oljem in pecite 40 minut, dokler filo ne postane lepo zlato rjave barve. Odstranite iz pečice in postrezite toplo ali pri sobni temperaturi.

96.Bureke

SESTAVINE:

- 500 g najboljšega maslenega listnatega testa
- 1 veliko jajce proste reje, stepeno

NADEV IZ RIKOTE

- ¼ skodelice / 60 g skute
- ¼ skodelice / 60 g sira ricotta
- ⅔ skodelice / 90 zdrobljenega feta sira
- 2 žlički / 10 g nesoljenega masla, stopljenega

PECORINO POLNILO

- 3½ žlice / 50 g sira ricotta
- ⅔ skodelice / 70 g naribanega staranega sira pecorino
- ⅓ skodelice / 50 g naribanega staranega sira čedar
- 1 por, narezan na 2-palčne / 5 cm segmente, blanširan, dokler se ne zmehča, in drobno narezan (¾ skodelice / 80 g skupaj)
- 1 žlica sesekljanega ploščatega peteršilja
- ½ žličke sveže mletega črnega popra

SEMENA

- 1 žlička semen nigelle
- 1 žlička sezamovih semen
- 1 žlička rumenih gorčičnih semen
- 1 žlička kuminih semen
- ½ žličke čilijevih kosmičev

NAVODILA:

a) Testo razvaljajte na dva 12-palčna / 30 cm velika kvadrata, vsak ⅛ palca / 3 mm na debelo. Liste testa položite na s pergamentom obložen pekač – lahko počivajo drug na drugem, med njimi pa je list pergamenta – in pustite v hladilniku 1 uro.

b) Vsak niz sestavin za nadev dajte v ločeno skledo. Premešamo in odstavimo. V skledi zmešajte vsa semena in jih postavite na stran.

c) Vsak list peciva narežite na 4-palčne / 10 cm velike kvadrate; skupaj bi morali dobiti 18 kvadratov. Prvi nadev enakomerno razdelite na polovico kvadratov in ga z žlico nanesite na sredino vsakega kvadrata. Dva sosednja robova vsakega kvadrata namažite z jajcem in nato kvadrat prepognite na pol, da oblikujete trikotnik. Iztisnite ves zrak in stranice trdno stisnite skupaj. Robove dobro stisnite, da se med kuhanjem ne odprejo. Ponovite s preostalimi kvadrati peciva in drugim nadevom. Položimo na pekač, obložen s pergamentom, in pustimo v hladilniku vsaj 15 minut, da se strdi. Pečico segrejte na 425°F / 220°C.

d) Oba krajša robova vsakega peciva namažite z jajcem in te robove pomočite v mešanico semen; majhna količina semen, le 2 mm široka, je vse, kar je potrebno, saj so precej dominantna. Vrh vsakega peciva namažite tudi z nekaj jajca, pri čemer se izogibajte semenom.

e) Prepričajte se, da so peciva narazen približno 3 cm/1¼ palca. Pečemo 15 do 17 minut, dokler niso zlato rjavi. Postrezite toplo ali pri sobni temperaturi. Če se nekaj nadeva med peko razlije iz peciva, ga le nežno nadevajte nazaj, ko je dovolj ohlajeno, da ga lahko obvladate.

97. Ghraybeh

SESTAVINE:
- ¾ skodelice plus 2 žlici / 200 g gheeja ali prečiščenega masla, iz hladilnika, da je trdno
- ⅔ skodelice / 70 g slaščičarskega sladkorja
- 3 skodelice / 370 g večnamenske moke, presejane
- ½ žličke soli
- 4 žličke vode pomarančnih cvetov
- 2½ žličke rožne vode
- približno 5 žlic / 30 g nesoljenih pistacij

NAVODILA:
a) V stoječem mešalniku, opremljenem z nastavkom za stepanje, stepajte ghee in slaščičarski sladkor 5 minut, dokler ne postane puhasto, kremasto in bledo. Stepalnik zamenjamo z nastavkom za stepanje, dodamo moko, sol ter pomarančne cvetove in rožno vodico ter mešamo dobre 3 do 4 minute, dokler ne nastane enotno gladko testo.
b) Testo zavijte v plastično folijo in ohladite 1 uro.
c) Pečico segrejte na 350°F / 180°C. Stisnite kos testa, ki tehta približno 15 g, in ga med dlanmi razvaljajte v kepo. Nekoliko ga sploščimo in položimo na pekač, obložen s peki papirjem. Ponovite s preostalim delom testa, piškote razporedite na obložene liste in jih dobro razmaknite. Na sredino vsakega piškota vtisnite 1 pistacijo.
d) Pečemo 17 minut in pazimo, da se piškoti ne obarvajo, ampak se samo spečejo. Odstranite iz pečice in pustite, da se popolnoma ohladi.
e) Piškote hranite v nepredušni posodi do 5 dni.

98. Mutabbaq

SESTAVINE:
- ⅔ skodelice / 130 g nesoljenega masla, stopljenega
- 14 listov filo peciva, 12 x 15½ palcev / 31 x 39 cm
- 2 skodelici / 500 g sira ricotta
- 250 g mehkega sira iz kozjega mleka
- zdrobljene nesoljene pistacije, za okras (neobvezno)
- SIRUP
- 6 žlic / 90 ml vode
- zaokroženo 1⅓ skodelice / 280 g najfinejšega sladkorja
- 3 žlice sveže iztisnjenega limoninega soka

NAVODILA:

a) Pečico segrejte na 450°F / 230°C. Pekač s plitvim robom velikosti približno 11 krat 14½ palcev / 28 krat 37 cm premažite z nekaj stopljenega masla. Po vrhu razprostrite filo list, ga potisnite v vogale in pustite, da robovi visijo. Vse skupaj namažite z maslom, po vrhu položite še en list in ponovno premažite z maslom. Postopek ponavljajte, dokler ne dobite 7 enakomerno zloženih listov, vsakega premažite z maslom.

b) Rikoto in sir iz kozjega mleka damo v skledo in skupaj pretlačimo z vilicami ter dobro premešamo. Razporedite po zgornjem filo listu, pri čemer pustite 2 cm/¾ palca okoli roba. Površino sira premažite z maslom in nanj položite preostalih 7 listov filo, vsakega po vrsti namažite z maslom.

c) S škarjami obrežite približno ¾ palca / 2 cm od roba, vendar ne da bi dosegli sir, tako da ostane dobro zaprt v pecivu. S prsti nežno potisnite robove filo pod pecivo, da dosežete čist rob. Povsod premažite z več masla. Z ostrim nožem narežite površino na približno 2¾-palčne / 7 cm velike kvadrate, tako da nož doseže skoraj dno, vendar ne povsem. Pečemo 25 do 27 minut, dokler ne postanejo zlate in hrustljave.

d) Medtem ko se pecivo peče, pripravimo sirup. V majhno ponev dajte vodo in sladkor ter dobro premešajte z leseno žlico. Postavimo na srednji ogenj, zavremo, dodamo limonin sok in pustimo vreti 2 minuti. Odstranite z ognja.

e) Takoj, ko ga vzamete iz pečice, pecivo počasi prelijte s sirupom in pazite, da se enakomerno vpije. Pustite, da se ohladi 10 minut. Potresemo z zdrobljenimi pistacijami, če jih uporabljamo, in narežemo na porcije.

99.Šerbat

SESTAVINE:
- 1 liter mleka
- 1 skodelica sladkorja
- 1/2 skodelice smetane
- Nekaj kapljic vanilijeve esence
- 1 čajna žlička narezanih mandljev
- 1 čajna žlička narezanih pistacij
- 1 žlica vanilijeve kreme
- 1 ščepec žafrana

NAVODILA:
a) V loncu zavremo mleko.
b) V vrelo mleko dodamo sladkor, smetano, vanilijevo esenco, vaniljevo kremo, žafran, narezane mandlje in narezane pistacije.
c) Zmes kuhamo na majhnem ognju, dokler se mleko ne zgosti. Nenehno mešajte, da se ne prime na dno.
d) Odstranite lonec z ognja in pustite, da se šerbat ohladi na sobno temperaturo.
e) Ko je mešanica ohlajena, jo postavite v hladilnik, da se dobro ohladi.
f) Šerbat je zdaj pripravljen za postrežbo.
g) Ohlajen šerbat nalijemo v kozarce in po želji okrasimo še z narezanimi mandlji in pistacijami.

100.Puding Qamar al-Din

SESTAVINE:
- 1 skodelica paste iz suhih marelic (Qamar al-Din)
- 4 skodelice vode
- 1/2 skodelice sladkorja (prilagodite okusu)
- 1/4 skodelice koruznega škroba
- 1 čajna žlička vode pomarančnih cvetov (neobvezno)
- Sesekljani orehi za okras

NAVODILA:
a) V ponvi na srednjem ognju v vodi raztopite marelično pasto.
b) Dodajte sladkor in mešajte, dokler se ne raztopi.
c) V ločeni skledi zmešajte koruzni škrob z majhno količino vode, da ustvarite gladko pasto.
d) Marelični zmesi postopoma dodajajte pasto iz koruznega škroba in nenehno mešajte, dokler se ne zgosti.
e) Odstranite z ognja in vmešajte vodo pomarančnih cvetov, če jo uporabljate.
f) Zmes vlijemo v servirne posodice in pustimo, da se ohladi.
g) Ohladite, dokler se strdi.
h) Pred serviranjem okrasite s sesekljanimi orehi.

ZAKLJUČEK

Ko zaključujemo naše okusno popotovanje skozi "Betlehem: Sodoben pogled na palestinsko kuhinjo", upamo, da ste izkusili veselje ob raziskovanju sodobnih okusov, ki izvirajo iz srca Palestine. Vsak recept na teh straneh je praznovanje svežine, začimb in gostoljubja, ki opredeljujejo palestinske jedi – dokaz bogate tapiserije okusov, zaradi katerih je ta kuhinja tako ljubljena.

Ne glede na to, ali ste uživali v udobju maqlube, sprejeli raznolikost mezzeja ali se prepustili sladkosti domiselnih sladic, verjamemo, da so ti recepti podžgali vašo strast do palestinske kuhinje. Poleg sestavin in tehnik naj koncept sodobnega pogleda na palestinsko kuhinjo postane vir povezovanja, praznovanja in spoštovanja kulinarične tradicije, ki združuje ljudi.

Ko boste še naprej raziskovali svet palestinske kuhinje, naj bo "Betlehem" vaš zaupanja vreden spremljevalec, ki vas bo vodil skozi različne jedi, ki ujamejo bistvo Palestine. Tukaj je, da uživate v drznih in niansiranih okusih, delite obroke z najdražjimi in sprejmete toplino in gostoljubje, ki opredeljujeta palestinsko kuhinjo. Sahtein !

www.ingramcontent.com/pod-product-compliance
Lightning Source LLC
Chambersburg PA
CBHW071324110526
44591CB00010B/1015